我是女孩
成长书

[法] 奥罗尔·迈耶 著
[法] 米尔绨·图尔内弗伊尔　[法] 阿芒蒂娜 绘
顾莹 译

电子工业出版社
Publishing House of Electronics Industry
北京·BEIJING

目录

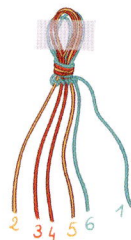

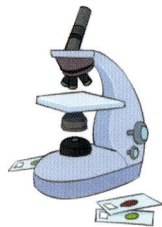

DIY 舒适的房间

你一定会在房间里度过很长时间，所以是时候布置一下房间了，让它变得更酷。只需要一点儿材料、一点儿创意和充沛的精力，你就可以打造一个属于自己的小角落！

收纳篮

别随意把你的东西丢在书桌上、床上或地上，找一个洗衣篮、一个大点儿的筐或一个箱子，把所有你没时间整理的东西都放进去，利用周末把它们整理好。这样你就可以心情愉悦地开始崭新的一周！

笔筒

那些五颜六色的铅笔、水笔、钢笔需要搭配一个合适的笔筒。准备一个空的罐头盒，清理干净，去除掉锋利的边缘部分。如果它的边缘依然划手，你可以用砂纸磨一下或者用胶带把它缠起来，这样就可以避免受伤。然后往上面粘贴东西：彩色胶带、贴纸、你最喜欢的运动员头像或各种颜色的胶纸……大功告成了！

隐秘的角落

如果你的弟弟、妹妹喜欢到处翻东西，你就得有一个藏东西的地方！仔细观察你的房间，找到那些隐秘的角落：用衣服夹把秘密的小纸条夹在窗帘后面，或者把东西粘在床下，还可以准备一个秘密盒子（见第40页），在上面写上"数学"，然后把你的秘密物品放进去，不太可能会有人去翻你的数学盒子。

禁止打扰

备忘录

为了不忘记事情，给自己做一个备忘录框。

你需要准备：

★1个旧相框
★1张相框大小的纸
★1根细绳
★2个图钉
★若干小衣服夹
★彩色胶带
★胶水

把相框中原本的图片取下来，用一张漂亮的纸代替。

用彩色胶带把边框缠起来。

小贴士

你也可以找一块旧铁板，用彩色的颜料重新粉刷一下。然后就可以用小磁铁把备忘录粘在铁板上面了。

把细绳挂在两个图钉上，然后把衣服夹子夹在绳上。

书桌

你的书桌和椅子都有些陈旧了，甚至还有些泛白，你需要把它们重新包装一下。你可以使用彩色胶带和银粉漆，打造出摇滚风格。再往桌上放一些旧物改造的笔筒，比如旧的油漆罐或装饰过的罐头盒都可以。再放一个桌面垃圾桶，一个小篮子就行。别再把废纸堆在你的学习区域了。

装饰房间

在父母允许的情况下，你可以往墙上贴一些海报、纪念照，还可以在房间里放一个置物架来摆放你最喜欢的手办等。你也可以问问父母是否允许你更换被套、沙发垫或窗帘。这样你就会拥有一个全新的房间！

整理房间

现在房间改造完毕，你得尽量保持它的干净漂亮。你可以慢慢整理，也可以给自己倒计时，放上欢快的音乐，尽快把所有东西都整理好！

身体健康

太瘦了，太胖了，太矮了，O型腿……都不好看！

注意体型

为了有健康的心理和身体，为了不被体重困扰，你得稍微注意一下饮食。好气色也来源于你的饮食。但不论怎样，都不要节食，节食虽然可以暂时让你瘦几斤，但体重很有可能会迅速涨回来，同时你还可能营养不良。

♡ 不要节食，但是也要合理安排饮食。

如果你中午吃了汉堡薯条，那晚上就喝点汤或吃点蔬菜平衡一下。每天甚至是每周的饮食都应该是均衡的。别不吃饭！即使你要迟到了，也不能不吃早饭……

♡ 放开肚皮吃饭时要倾听身体的声音，听听它什么时候说"停下"。

因此你要好好享受吃饭的时间，不要在电视或电脑屏幕前狼吞虎咽。否则，你可能还没留意就吃撑了。

睡个好觉

有些儿童或青少年会有睡眠障碍，比如入睡困难或夜间多次醒来。为了拥有良好的睡眠环境，睡觉前不要看电子屏幕也不要剧烈运动，你可以读一本精彩的小说！

做你自己

紧跟潮流很不错，但是保持个性也非常重要。你可以关注自己的外在，这很重要，美丽的外在对内心有积极的影响！不过不要过分关注它。无论你长什么样，都要学会爱自己。自信的女孩比愁眉苦脸的女孩更漂亮。

探险任务

最好两个人一起完成任务，所以让朋友来陪你……一起出发去探险吧！

什么挑战？

出发之前，选择你想要完成的挑战，比如：

- 创建你自己的跑酷路线，锻炼平衡、弹跳、跑步等能力；
- 克服你的蚯蚓恐惧症；
- 克服你对黑夜的恐惧；
- 用小木棒制作工具；
- 找到很多蜗牛；
- 寻找植物制作标本集；
- 清理一片堆满垃圾的沙滩或公共绿地；
- 找到附近河流的源头。

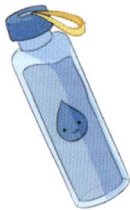

请记得带

- 水
- 食物
- 结实的球鞋
- 丝线和细绳
- 手电筒（你知道什么时候出发，但绝不知道什么时候返回）
- 手机（如果遇到问题可以打电话）

一个人走得更快，一群人走得更远。

请遵守

一次完美的探险应该尊重大自然和小动物。尤其要注意清理你的痕迹。不要把垃圾、火种留在野外……不能让人看出你曾经到过这里。

阿梅莉亚·埃尔哈特

可能这个名字对你来说不算什么，但阿梅莉亚·埃尔哈特可是航天领域的佼佼者。

她于1897年出生在美国的堪萨斯，自从23岁首次坐上飞机，她就深深爱上了飞行，于是她决定学习飞行驾驶。阿梅莉亚是一个真正的探险家。1932年，她成为了第一个独自飞越大西洋的女飞行员。但这次探险没能满足她，1937年，她决定和美国领航员弗雷德·努南一起开飞机沿着赤道线环游世界。今天，人们普遍认为阿梅莉亚的飞机于1937年7月2日坠毁在太平洋的一座小岛上，这位女飞行员也就此失踪。

100%天然菜单

你是否想尝试一下与大自然相融的美食?

可再生的餐具

如果你的餐具不能吃,那么这就不是一份纯天然的菜单!把面团切成刀叉的形状,然后把它们放在烤箱里150度烤10分钟。

一棵水果棕榈树

1. 香蕉剥皮,切成两段,然后把它们切成圆形薄片,放在盘子里,摆成棕榈树干的样子。

2. 橘子剥皮,分开橘瓣或者把杏子切成六块。然后把它们放在香蕉下方。

3. 猕猴桃剥皮,从上将它切成两半,然后把它切成小块,用来作棕榈树的叶子。

你需要准备(2人份):

- 1根香蕉
- 1个小橘子或2个杏子(根据季节决定)
- 1个猕猴桃

咸味天空

你需要准备（2人份）：

- 100克煮熟的米饭
- 1颗黑橄榄
- 1个小圆萝卜，先切成4块，然后切成薄片
- 1根黄瓜，先切成两段，然后切成薄片
- 1盒玉米粒
- 1根胡萝卜，切成薄片
- 6个小番茄，切成两半

1. 将米饭煮熟，冷却之后，摆成云朵的形状。然后把黑橄榄切成小块，做成云朵的眼睛和嘴巴。
2. 把彩虹的原材料摆放好：萝卜片充当紫色的部分，黄瓜片充当绿色的部分，玉米粒充当黄色的部分，胡萝卜片充当橙色的部分，小番茄充当红色的部分。
3. 用剩余的玉米粒做一个太阳。

小贴士

不要浪费，用剩余的原料做一份种类丰富的沙拉。

怎样交朋友？

不管你朋友成群还是独来独往，这里都有一些交朋友的建议给你。

做你自己

谁想和一个愁眉苦脸的女孩做朋友呢？如果你温柔的面庞上总是挂着微笑，那么交朋友这条路你就已经走了一半。如果你善于交际又乐观快乐，那么其他女孩一定希望和你做朋友。但是，千万别失去自我，一定要保持你的个性。

让大家开怀大笑

幽默拥有强大的力量，来看看有哪些逗乐的方法：天生的幽默，扮演小丑，模仿秀，或者是平时记一些趣事儿，尽你所能让大家开怀大笑。

唉，你几乎不认识班上的任何人。你的好朋友都被分开了：有人在四班，有人在五班，而你在一班。如果你感觉孤独，告诉自己其他女孩和你的感觉一样。进教室之后，找一个旁边有人的空位，然后友善地询问你是否可以坐在她旁边。这是第一步。然后赞美一下（要真诚！）她的笔袋、书包或钢笔，问问她来自哪个学校，是否认识这里的人，是否会去食堂吃饭。尽量和她一起出教室，这个女孩就是你认识的第一个人。毫无疑问，几天之后你们的小团体就会发展壮大。

如果你搬家了

太麻烦了，但你别无选择！你要搬家了，你一定感觉很孤独。虽然在学校里你可以交到朋友，但你也可以先认识一下家附近的人。让父母和你一起，把你介绍给邻居。小区里同龄的孩子可能会成为你的朋友。为了加入他们，你甚至可以准备一些点心带过去。

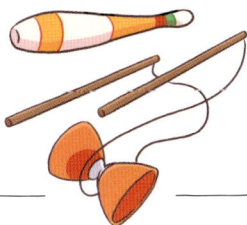

同时也去了解校外的活动：体操，杂技，戏剧，音乐，舞蹈，网球……运动令人团结，也一定可以让你很快交到新朋友！

DIY 编织手串

→ 制作漂亮的友谊手串
→
→ 和你的朋友们分享

你需要准备

★ 3种颜色130厘米长的棉线
★ 剪刀
★ 胶带

把棉线放在一起，从中间对折。

在对折处留出一个圆，在圆的下方打一个结，这个圆就是基点，用胶带把基点粘在桌子上防止它移动。像这样摆放棉线：

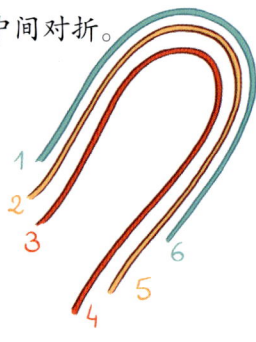

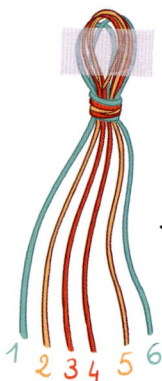

打第一个结，用1号线在2号线上打一个结，回到基点，拉紧。保持2号线拉紧，打第二个结。

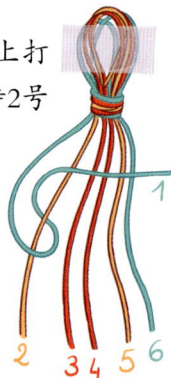

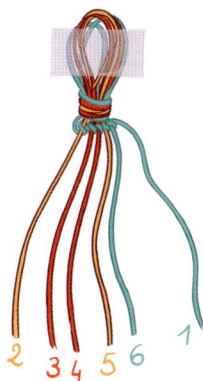

用2号线重复同样的操作。在3号线上打一个结，回到基点，拉紧。保持3号线拉紧，打第二个结。然后同样使用2号线，依次在4号线、5号线、6号线、1号线上打两个结。这时2号线排在最后。重复这样的操作，直到手串的长度适合你的手腕。

用1号线在3号线上打两个结，然后是4号线，然后是5号线，然后是6号线。这样，1号线就排在了最后。

最后把所有的线分成两股，每股三根，然后把每股线编一下，最后打上双结。把这两股线系在一开始的圆圈上，手串就成型了。

把手串戴在手腕上或者把它送人。

简易操作

如果你没有时间制作手串，你也可以：

- 在饰带上挂一个小饰品或一颗珍珠；
- 用几条颜色不同、和手串一样长的绳子编一个手绳。

睡衣派对上的游戏

你准备好举办一场精彩的睡衣派对了吗？这里有许多绝妙的建议。

征求父母同意

首先父母得允许你邀请几个朋友到家里来（人越多越热闹！），同时他们还会给你定下规则：按时睡觉，第二天要把房间打扫干净……然后，为了确保你的好朋友们都到场，尽量提前通知大家。

装饰

为了举办一场成功的少女聚会，你需要给这个野蛮的世界添上一抹柔和的色彩！一条漂亮的装饰带就可以让你的好朋友马上进入派对的氛围中。

小贴士

聚会结束后，你可以把装饰带挂在房间里，然后把聚会的照片挂上去。

聚会装饰带

1. 从下面三种样式中任选一个，把白纸放上去，描出图案。
2. 剪下白纸上描出的图案，将它描绘在彩纸上，多画几个。
3. 剪下彩纸上描出的图案，将它们排成一列放在桌上。
4. 把细绳放上去，让每个图案都粘贴在细绳上。
5. 用浆糊把细绳挂在墙上。

你需要准备

○ 可以挂在房间两墙
　 之间的细绳

○ 彩纸或毡布

○ 剪刀

○ 白纸

○ 胶带

○ 浆糊

准备工作

派对前一天，确认一下一切是否准备好：床，玩游戏的道具，照相机或手机来记录这个美好的夜晚，也许还需要准备一些糖果！

闭眼游戏

你们可以打闹或是闲聊，但是如果可以玩游戏，派对会更有趣！这是第一个游戏：关灯，所有人都光脚。从年龄最小的女孩开始，摸索着说出每双脚的主人是谁。可以挠别人的脚心！

猜对次数最多的人开始下一个游戏：关灯，自己原地转五圈。然后她需要准确地找到你们，小心不要撞到墙或桌角！

真心话

睡衣派对不能缺少小秘密！你们可以制作友谊骰子（见第121页）。轮到你时，你就丢骰子，然后指定一个人回答你最想知道的问题。当然，你们也可以自由地聊天，说些真心话，跟朋友交换自己的小秘密！你最好收拾出一个温暖舒适的角落，在地上铺上旧的床垫、毯子或被子，再准备一些大靠垫，来迎接这样温馨放松的秘密之夜。

词语接龙

你们可以玩成语接龙，比如鹤立鸡群、群策群力、力不从心……，也可以用刚学的诗词或者喜欢的歌曲接龙，接不下去的人要接受惩罚，五个俯卧撑？

呃！臭臭的游戏

让你的父母提前准备一个容器和一些不是很好闻的东西，或者你自己在派对之前准备好，比如煮烂的米饭，无毒的凝胶、淤泥、湿棉花、枯树叶、软奶酪……大家都蒙上双眼，传递这些容器，每个人都要猜一下里面的东西。比较一下谁猜对的多，谁就是……邋遢女王！

最后的仪式

现在，聚会结束，朋友们已经离开了。为了得到父母允许举办下一次聚会，收拾好聚会的"残局"，清洁、整理一下房间。他们一定很开心看到你和好朋友一起度过快乐的时光，并且做事有头有尾，把家里收拾干净。也许他们已经准备好让你举办下一次聚会了！

展示你的风格

知道这些小窍门，你很快就会找到适合自己的时尚风格，同时还不会失去个性。首先我们需要定义你的风格。一个简单的小装饰或者是某一种颜色就可以成为你的时尚标签，这就是穿搭秘籍。

如果你喜欢

○ 长款半身裙、沙沙作响的裙子，花边、刺绣、衬裙。

➳那么你更适合**浪漫淑女风**。

○ 露脐上衣、短小上衣、高腰裤、连帽运动卫衣，跑步服或者短裙。

➳那么你更适合**街头酷girl风**。

○ 荧光服、彩虹、发辫、闪闪发光的东西、指甲上亮晶晶的小贴纸。

➳那么你更适合**漫画少女风**。

○ 迷彩服，篮球鞋，短款夹克衫，宽腰带。

➳那么你更适合**都市靓妹风**。

○ 鲜花、自由、玫瑰、长裙、蝴蝶结、皇冠。

➳那么你更适合**波西米亚公主风**。

○ 其他人讨厌的一切东西。

➳那么你更适合**古灵精怪风**！

三色原则

除非有特殊情况，身上衣服的颜色不应该超过三种。当然，你可以尝试混搭，但最好只在节日或化装舞会上这么穿！你可以把衣服都在身上套一遍，选出最合适的那套，但是上学不要迟到……

勇敢一些

要勇敢地坚持自己的风格，不要感觉害羞。"什么？你竟然不知道蝴蝶结时尚风吗？"当你说出这句话时，你首先就要接受并且相信它。只要有自信心，你就已经是有自己风格的时尚女孩了！

细节改变一切

根据你的喜好在衣服上画一个图案。也可以打造度假时尚风？比如，在身上任何地方加一点儿装饰——制作一个棕榈树徽章，用粘土做一个树叶手镯，用布料专用笔在T恤上画一个菠萝……时尚很简单，而且不用花很多钱！

怎样赚零花钱？ ←

你不可能马上成为一个大公司的老板，但是也许你可以存钱买个梦寐以求的礼物。

- 脏话罚款1元：如果某个家庭成员说了脏话，就要拿出1元给发现的那个人。父母说脏话的频率应该会比你高很多，所以你很快就会成为一个小富翁！
- 帮哥哥姐姐做点事，然后找他们要报酬：帮他们整理房间或者给他们的房间吸尘，每次收费2元。
- 整理你的书、玩具和零碎的小玩意。

和父母一起在旧货市场摆个摊，或者在网上把它们卖掉。
- 和父母商量：通过擦玻璃、擦车或其他小活儿来赚点钱，每次收费5元。你的劳动值得这个报酬！

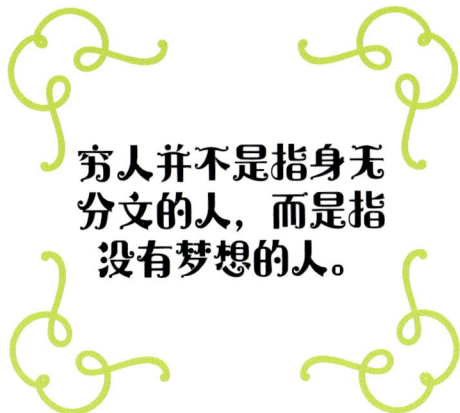

穷人并不是指身无
分文的人，而是指
没有梦想的人。

你放心，只有少部分父母会
定期给孩子零花钱。如果你
平时没有收到零花钱，那很
正常，你可以跟父母商量学
习自己理财，或者把春节收
到的红包攒下来！

制作零钱包

你需要准备：
○ 不同颜色的毡布
○ 一块黑色的毡布
○ 布料颜料
○ 布料胶水
○ 魔术贴

1 用一个杯子或一个碗
辅助，剪出两块圆形毡
布，你想要多大的零钱
包就剪多大的圆。
2 把两块圆形毡布粘在一
起，上方留一个开口。
3 剪下一块魔术贴，粘在
零钱包内部。
4 用不同颜色的毡布剪
出耳朵、嘴巴和眼睛，
然后把它们贴在零钱包
上。

5 用布料颜料画上
一些小细节，比如
眼睫毛或胡子。

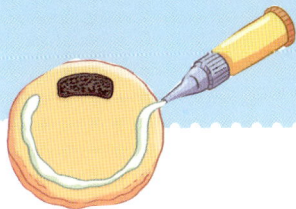

环保挑战

把生活当成挑战是一件很有趣的事。
你要不要从探索环保生活的趣味开始?

拯救地球的 10 件小事!

1 洗淋浴,不泡澡。泡澡五分钟的用水量是淋浴
的四倍!

2 离开房间时随手关掉灯和空调,就算你离开的
时间不会很久。

3 给自己买一个水杯,尽量不喝瓶
装水,减少有可能进入海洋的塑料
污染。

4 尽量以充电电池代替普通电
池,更便宜也更环保!

5 晚上睡觉时关闭电视、游戏
机、电脑等设备,别让它们整
夜待机。

8骑自行车出行，或者尽量乘坐公共交通。

6购物时不要塑料袋，自己准备背包、篮子或手提袋。

7刷牙时关掉水龙头。准备一个漱口杯接水，这样可以节约很多水。

9吃应季水果和蔬菜，家附近就可以买到的本土水果不会产生太高的交通成本，这样就减少了汽油的消耗及污染的产生。

垃圾降解时间

扔垃圾之前请再三思考一下。以下是一些物品被扔掉后自然降解需要的时间：

- 一个塑料瓶＝1000年
- 一个塑料袋＝450年
- 一个啤酒瓶＝100年
- 一个口香糖＝5年
- 一张车票＝1年
- 一张纸巾＝3个月
- 一个苹果核＝1~5个月

10垃圾回收：把垃圾扔在正确的垃圾桶里，回收刚刚使用过的纸，它们可以用来作草稿纸。

香水师任务

你是独一无二的,所以你值得拥有一款专属香水。调出属于你的清香、芳香和幽香吧!

沸腾的花朵

选一种花来调制香水:薰衣草,玫瑰,茉莉花,天竺葵,橙花,含羞草……你也可以选几种花混合调制。

1.把花瓣放在平底锅中,加250毫升水,开火,轻轻抖动平底锅,然后关火,让花瓣浸泡4小时。

2.加几滴白醋留住花瓣的味道,然后把花瓣和水一起倒入漏勺、茶叶过滤器或咖啡过滤器中过滤。

3.将过滤后的液体倒在小瓶中,然后放置在冰箱里。

接下来的一周,你都可以给自己喷点儿自制香水了!

你知道吗?

法国的格拉斯被称为"香水之都",它的香水工厂从17世纪起就非常出名。

热尔梅娜·塞利耶

第一名女性调香师，行为果断，性格火辣，但拥有绝妙创意！

热尔梅娜·塞利耶于1909年出生在法国波尔多，后来在巴黎学习化学。21岁时，她被一家企业雇佣成为一名化学研究员，但10年后的一次偶遇将她推向了香水领域。1944年，她与服装设计师罗拔贝格联手设计了自己的第一款香水：匪盗。此后她继续调制出其他香水，比如1945年巴尔曼推出的"绿风"，1948年罗拔贝格推出的"喧嚣"。热尔梅娜·塞利耶作为第一个女性调香师，从此闻名世界。她于1976年去世，享年67岁。

调香师在法语中被叫做"鼻子"

怎样度过课间休息和上课时间？

想要在课间和大家打成一片、受同学欢迎，同时上课认真听讲、被老师喜欢，并不是一件特别容易的事情。

整理好自己的物品

想要保持思路清晰，一定要善于收纳整理：整理房间，分拣钢笔，给物品归类……在整洁的环境中，你会发现学习是一件快乐的事情！

交到新朋友

身边有好朋友，很不错。但也可以试着和其他人交往，认识更多朋友。你只需要做一件事：上前主动说话。你应该很希望大家像欢迎新同学那样欢迎你。只要迈出第一步，你一定会经历一次愉快的交谈！

找到自己的节奏

想要拥有好的生活节奏可不是件容易的事情！如果你在假期中有了一些不太健康的生活习惯，每天都睡得很晚，那么开学前几天你就得痛苦地培养早睡的习惯。

和朋友保持良好的关系

不管你是不是班级第一名，都不要在班上树敌，也不要太引人注目。当你完美地背出一首诗时，不要到处吹嘘；即使所有人都知道你是老师眼中的好学生，也不要洋洋自得……
优秀的同时保持谦逊，
你会更受尊重！

进入初中后会有什么变化？

如果你还没有进入初中，那你现在可以稍微感受一下。进入初中后，一切都会变多！比如学生的人数、教室的数量、科目数量。你也会有好几个老师。但是别担心！一开始看上去无法克服的一切困难很快就会成为你的日常。你可以提前参观一下自己未来想去的中学，这样你就能提前熟悉教室和老师。一旦进入初中，你就会爱上这种新的节奏！

制作史莱姆黏土

想发挥创意的时候，你可以自制一些史莱姆。史莱姆有很多种玩的方法，随意揉捏、搅拌、挤压它吧！

你需要：

★大人的陪同
★橡胶手套
★1把勺子
★1个碗
★2大勺白乳胶
★1勺剃须泡沫
★食用色素（红色、黄色或蓝色）
★15~20滴眼药水

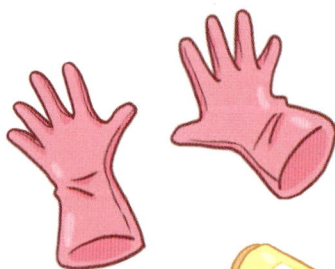

带上橡胶手套，把乳胶倒入碗中，加入剃须泡沫，用勺子搅拌。

选你喜欢的颜色，在碗中加几滴食用色素，给史莱姆黏土上色，搅拌。

往碗里滴眼药水，注意一定要在大人的陪伴下进行，因为眼药水与黏土混合的过程中会产生硼酸，这种化学反应可能会刺激你的眼睛。继续搅拌。

小贴士

- 如果史莱姆黏土太软，加几滴眼药水，充分搅拌，这样会使它更有弹性。
- 加入的剃须泡沫越多，黏土就越蓬松。
- 你也可以加一些亮片，这样黏土就会闪闪发光!

优秀的女孩要知道这8件事

说话让人如沐春风并不容易，但有时一些温柔的言语会让结果完全不同！

与其说："行，挺好的。"
不如说："谢谢你帮我，你人真好。"

与其说："不！我才不想去！"
不如说："我真的一定要去吗？"

与其说："烦死了！别说了。"
不如说："好的爸爸，我明白了。"

与其说："哎呀，你走开！"
不如说："可以让我一个人呆一会儿吗？"

与其说："我总是被迫整理房间！"
不如说："好的，我一会儿就开始做。"

与其说："我妈妈真烦人！"
不如说："我妈妈和我有时看法不一致。"

没有被允许时，我们不对大人使用"你"。
你可以问："我可以用'你'来称呼您吗？"

不要说脏话，但是如果你需要发泄，可以说一些自创的温和一点儿语言："真是个毛茸茸的大笨蛋！"

呼吸！

想要放松，你只需要好好呼吸，要不要来跟着我试试？

屏住呼吸

用鼻子深深吸一口气，屏住呼吸，保持几秒钟，让空气在你的肺里停留，然后用嘴巴尽可能慢地呼气。尽量多重复这个动作，它可以让你的血液吸收新鲜空气，这样你会更加平静。

1

2

3

下犬式

这种瑜伽体式叫做"下犬式"，它可以让你从一天的疲惫中放松下来。

1.像小狗一样，双手双脚撑地，双手在双肩的正下方，双膝在臀部的正下方，双臂和大腿都与地面保持垂直。

2.用鼻子吸气，抬起臀部，脚掌着地，双腿绷直，低头。

3.试着用脚后跟踩地，吸气，呼气，重复多次。

重新趴下，双手双脚撑地，回到初始体式。

怎样成为世界上最棒的朋友?

友谊不是一场竞赛,只需要做到几点,你就会成为世界上最棒的朋友!

说出真心话

你有许多秘密,但不知道从哪里讲起?那就和你的朋友一起写一本日记吧。每天,你们其中一个人把日记本带回家,在上面写下自己的心情、错误或一些想法,第二天,由另一个人把日记本带回去进行补充,写下自己的回应、建议……

如果你不开心,千万不要害怕在日记本上写出来。你的朋友可能会开些小玩笑,但她们一定会支持你!

但不能什么都说!

别说人坏话,也别说出别人的秘密,绝对不要!就算你非常想说,也千万不要!你不能辜负朋友对你的信任,否则你可能会失去一段友谊。同时你的名声也会被破坏。如果这个秘密真的涉及到一个很严重的问题,那么就建议你的朋友去寻求帮助,找父母、老师、姐姐……

培养默契

你们也许很相像，但如果你们不一样，就让差异成为一种力量！

🖊 你的朋友们很高，有着长长的直发，但你可能矮一些，头发是短发或者自来卷，脸上还有一些小雀斑？不管是那种情况，你们的外貌完全不一样，但也许你们有着同样的品味和爱好？你们经常同时说话，因为你们想到了同一件事。你们想要同样的衣服、同样的装饰品……

🖊 你的朋友都是温柔的女生，而你是个假小子；她们性格开朗，但你有些腼腆；她们想成为无国界医生，但你真的不喜欢医院。你们可能没有任何共同的爱好，但这正是友谊的魅力所在！你们依然可以聊得热火朝天，最后你也会开怀大笑！也就是说，如果你的朋友养了一只鹦鹉，那么即使你害怕鸟，你也并不排斥听一听关于它的趣事！虽然你和你的朋友的爱好并不相同，但这给了你了解不同世界的机会。你可以试着去了解一下她们喜欢的东西，她们也一定非常开心！

花园挑战

即使你没有一个大花园，你也可以种一些植物，事实上，一个小阳台或窗台就足够了。

让种子发芽

你需要准备：

○ 1个茶托
○ 1个喷壶
○ 若干土壤
○ 若干棉花
○ 若干种子
○ 水

1 为了让种子发芽，先把它们放在浸水的棉花上，然后把棉花放在茶托里。比起把种子埋在土里然后用水壶浇灌，用带喷嘴的壶喷水会更好，因为种子很脆弱，喷壶浇水的方式更加柔和。

2 当幼苗长到差不多5厘米高时，去除那些比较脆弱的幼苗，这样会让那些强壮的幼苗长得更好。

3 接着，把发芽的种子小心地移到装满土壤的花盆中。

有趣的小窍门

你也可以把种子放在一块湿润的海绵上，用碗盖住，放到太阳下等它发芽！然后你就会得到一块长毛的海绵……

参考一下种子简介，这样你就会知道每种植物的最佳种植期。

回收牛油果

回收一个牛油果核，把它洗干净，浸入温水中放置30分钟。

然后干燥几小时，接着插三根牙签，让果核可以固定在一个装满水的水杯中：圆头在下，尖头在上。

定期换水，一定要耐心！几周之后，果核就会发芽。当根部长到1到2厘米时，就把果核移到一个装满土的花盆中，然后你就可以慢慢观察它会发生什么变化。

种植菠萝

轻轻割下菠萝顶部的叶片（从叶片下方1或2厘米的部位进行切割），去掉底部的叶片，然后你就会看见菠萝的根部。

干燥几天，然后把菠萝根部浸入水中，注意水不要没过叶片。定期换水。当根部生长1到2厘米后，就把它种到一个装满土的花盆中。幸运的话，几个月之后，你就会看到有菠萝长出来。

DIY 秘密盒子

一般来说，不会有人随便翻你的东西……但是你不在的时候怎么办呢？自己动手做一个双层的盒子吧！

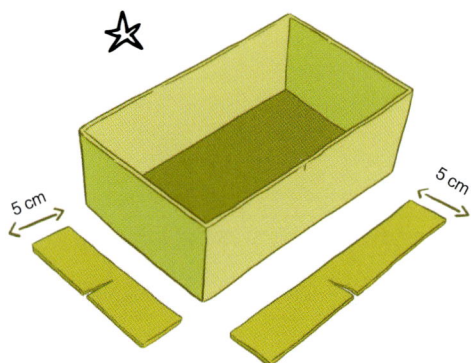

你需要准备：

★ 2张和鞋盒底部一样大的纸板
★ 1条大概5厘米长的饰带
★ 1个鞋盒
★ 剪刀
★ 胶带

5 cm

5 cm

想要在盒底做出格子，先要用第一块纸板切割出两个长条：宽5厘米，长度分别与鞋盒的长和宽保持一致。然后用剪刀在长条中间剪出一个槽口，让两块长条相嵌，形成一个十字架。把这个十字架放在鞋盒底部。

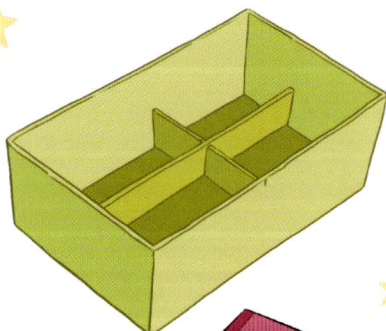

日记

把饰带粘贴在第二块纸板的边缘，然后用这块纸板盖住底部的十字架。这条饰带可以让你轻易掀开纸板。

把你最私密的物品放在底部的格子中。

在纸板上放一些无关紧要的小东西来迷惑"敌人"。

盖上盖子，秘密盒子就做好啦！

现在你可以根据自己的喜好装饰一下盒子：在外面粘一些贴纸、彩纸、相片、彩色胶带、毡布或图画。

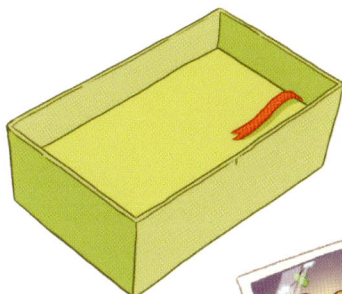

如果有人试图打开你的盒子，他不会发现第二层，你的秘密被保护得很好。

男孩给女孩的挑战！

在男孩眼中，女孩比他们更弱小，更不爱运动，更爱发牢骚，更胆小。这些评价就是"刻板印象"。完成这三个挑战，向男孩证明他们是错的！

挑战1

女生会踢足球

好吧，也许你并不会参加下一届世界杯，但你可以组织一场女生足球赛。最好可以叫上几个男生当观众，但他们不一定会来！

巴拉巴拉巴拉巴拉

挑战2

女孩很强壮

组织一场扳手腕大赛，看看谁是赢家。你会惊讶地发现，只要拼尽全力，你也可以获得胜利！

勇敢面对嘲笑

男生不太会表达自己的情绪、感受，也不太会与人交流自己的想法。要想明白他们真正想说的话，必须学会翻译他们的语言，这并不容易。那么现在你也来试一下。给你一个挑战：当一个男孩和你开玩笑时，岔开话题："对我的手说话吧。""有人在说话吗？我什么都没听见……"；或者你也可以顺着他的话开一些玩笑，比如，如果他嘲笑你的钢笔："你那亮闪闪的粉色钢笔可真是好看！"，你可以回答说："对啊，但是你不懂，这只钢笔是用来搭配我的独角兽上衣的。"

那么，到底谁更强？

服装师任务

尝试混搭，成为独特的人。

复古开衫

你不喜欢那件温柔可爱的开衫？别扔，只需要换上一些形状特别的纽扣，你就可以穿出自己的风格。纽扣可以是彩虹、数字、骷髅头、曲奇饼干、小狗、星星等。

"时尚会过去，但风格永存。"

——可可·香奈儿

开心果补丁

你最喜欢的衣服上有一块无法去除的污渍，整件衣服全被毁了。从一块布上剪下一个可爱的形状（星星、爱心、月亮……），然后用布料胶水把它粘在衣服的污渍上。

漂亮的球鞋

想要让你的球鞋变得个性化，你可以往鞋带上穿一些珠子或者用彩带代替鞋带。

自制围巾

如果你在一家大型女装店里没找到喜欢的款式，那么你可以选一块自己喜欢的结实的布料，裁成围巾大小，这样就可以抵御寒冷啦！

可可·香奈儿

可可·香奈儿原名加布里埃·香奈儿，生于1883年。18岁时，她由学校和抚养她长大的姨妈启蒙，开始学做针线活，自此，她便深深爱上了服装剪裁。

20岁时，她进入一家时装店工作，这期间她积累了大量的客源，于是她开了自己的女帽工作室，也就是一家制作女帽的店。可可·香奈儿不断获得成功，上世纪20年代也是名副其实的"疯狂年代"！她解放了女性的身体，让女性从紧身服中解脱出来，同时又可以不失优雅。可可·香奈儿总是穿着自己设计的服装。另外，她也是第一位推出香水的时装设计师：直到今天，香奈儿5号香水都非常畅销。她还将黑色引入时尚，推出了小黑裙，这件作品让她声名大噪，此前，黑色的服装只会出现在葬礼上。在那个年代，可可·香奈儿是第一个留男士发型的女性，虽然之前也有人剪过短发，但她依然被认为是"第一个短发女性"。在经历了辉煌的服装设计师生涯后，可可·香奈儿于1971年逝世。

汉堡派对

虽然饮食要均衡，但是偶尔也可以放纵一下……适度享受！

幸运芝士汉堡

你需要准备（四个汉堡的量）：

- ❋ 4个汉堡面包
- ❋ 4片生菜
- ❋ 1个番茄，切成薄片
- ❋ 4片汉堡专用芝士片
- ❋ 4块肉排
- ❋ 番茄酱

1 切开汉堡面包，涂上番茄酱。

2 放一片生菜、一片番茄和一片芝士。

3 把肉排放在平底锅上煎几分钟，然后把它放在芝士片上。

4 重新盖上面包片，把汉堡放在微波炉里加热20秒让芝士融化。

甜蜜的假汉堡

你需要准备：

- ❋ 4个小圆面包或蛋糕
- ❋ 4份鲜奶酪（根据你的口味选择）
- ❋ 2个猕猴桃
- ❋ 8颗草莓
- ❋ 巧克力粒

1 把小面包切成两半，内部涂上鲜奶酪。

2 把猕猴桃和草莓切成薄片。

3 把水果片插在面包中间，让它们看上去像番茄和生菜。

4 把巧克力粒放在水果上来代替肉排。

酥脆黄金鸡块

你需要准备（4人份）

✳ 4块鸡胸肉
✳ 面包糠或快要过期的面包
✳ 1个鸡蛋
✳ 油
✳ 盐和胡椒粉

1 首先把鸡胸肉切成小长条，尺寸越小，熟得越快。

2 把面包弄成粉末状，或者直接使用面包糠，倒在碗里，加盐和胡椒粉，搅拌。

3 把鸡蛋打在另一个碗里，搅拌，让蛋黄和蛋清混合。

4 让每一块鸡肉都尽可能地浸在鸡蛋液中，然后裹上面包糠。

5 加热平底锅，然后倒油，把鸡块放在上面，每一面都煎几分钟，或者直接煎至鸡块外表金黄。

小小恶作剧

想不想成为恶作剧女王？不一定非要等到 4 月 1 日愚人节，平时也可以给你的家人或朋友设置有趣的陷阱。只要不是过火的玩笑，一切都会被允许的！

钞票陷阱

用浆糊把一根几米长的钓线粘在一张10元钞票上，把钞票放在地上，然后你藏在柱子、墙或者树后面拉着钓线的另一端。一旦有人过来捡起钞票，你就马上拉线。

不要损坏人民币哦。

脏脏的橡皮

悄悄拿走好朋友的橡皮，往上面插一些削铅笔时回收的铅笔芯。下一次她用橡皮在干净的纸上摩擦时，纸上就全是铅笔的痕迹……哦，千万不要在考试前开这种玩笑啊！

严重的疾病

和朋友说话之前吃一些蓝莓，告诉她你感染了一种严重的口腔疾病：你的牙齿和舌头全是蓝色的。

难闻的钢笔

找到一个喜欢咬钢笔的朋友，为了帮她改掉这个坏习惯，用她的钢笔在一瓣大蒜上摩擦，然后悄悄把钢笔放进她的笔袋。相信她很快就会改掉这个癖好！

全是虫的沙拉

把杏仁酱做成白色小虫子的形状，放进晚餐的沙拉里。你的朋友一定会吓一跳！

我的小狗

不管你有没有小狗，都要让朋友觉得有人在她房间里拉了一坨便便。该怎样做呢？把栗色的橡皮泥捏成便便的形状，注意细节，让它看起来更加真实。然后悄悄地把它放在朋友的床上或办公桌上，观察她的反应。她一定觉得很恶心！

美丽小窍门

根本不需要洗牛奶浴来保养你的身体！

保持整洁

别过分洁癖，但也别邋里邋遢！不要清洁过度，那会刺激你的皮肤，让它变得更脆弱，但是每天洗澡是个很好的习惯。你可以根据自己的喜好更换香皂和好闻的沐浴露。虽然不是很环保，但是偶尔洗一次泡泡浴（水不要太满或太热）可以让你放松一下！

蜜桃肌肤

你的脸是第一个接受外界刺激的部位，所以要给它提供足够的营养并且注意保湿。干性肤质、混合性肤质或油性肤质都有对应的洗面奶。你也可以咨询皮肤科医生或药剂师。

淡淡的香味

不要为了好闻用掉一整瓶香水！在耳后和颈窝处滴几滴就可以了。为了不让整间教室都充斥香气，选择淡淡的花香。你也可以制作自己的专属香水（见第28页）。

指甲油

指甲油很容易涂到指甲外？可以用指甲油在指甲上点几个小点。只用一个颜色，也可以用好几种颜色。效果会很棒！

冷水澡

泡在滚烫的水中对你的身体并不是最好的，过热的水可能会让你的皮肤松弛。所以洗澡时一定要调节好水温，也别怕冷水，它会让你拥有充沛的精力和强壮的体魄！不过，注意不要感冒。

咕咚咕咚

并不是只有面霜才能让你拥有好皮肤或变漂亮，大量喝水也是保持皮肤湿润的最好方法之一。

成为令人惊讶的特工

想不想和你的朋友成立特工俱乐部？秘密探查一下周围人在讨论什么，或者针对身边的人展开一些有趣的调查！

成立俱乐部

◎ 选择合适的成员。召集一些有趣、热情又善解人意的朋友，简而言之，成员都是和你很像的人。

◎ 给俱乐部取名。每个人都可以天马行空地提出想法，然后尽快达成一致。大家一起头脑风暴，肯定会有很多很棒的创意，比如"超能特工队""特工任务""008特工"……

◎ 想一个响亮的口号。响亮的口号会让这件事更有意思，比如"一日为特工，终身为特工""闭上嘴巴，保持沉默""别留下痕迹，这里是教室""成为探秘者，而非告密者"……如果觉得这些建议老套，就快去想一个新的吧！

训练

立刻在有趣的游戏中发挥你的特工天分吧。选一个人当特工，其他人肩并肩站在一起。特工有十秒钟的时间观察大家，然后转过身，或者闭上眼睛。这时其他人有两分钟的时间稍微改变一下自己的着装或发型。两分钟后，特工转回来，找出发生的变化。这个训练会让你具备优秀的观察能力！

休闲小游戏

召集俱乐部的成员，找出神秘人物。特工首领在脑海中指定一个人，这个人必须是大家周围的某个人（在教室里，在公园里……），然后其他特工可以提问题，尝试猜出这个神秘罪犯的身份，注意特工首领不能说话，只能打手势、做动作！

秘密调查

找一个大家都认识但都不太熟悉的人，你们有一周时间去获取他的相关信息，注意要非常谨慎，千万不能引起他的怀疑。你们可以去了解他的出生日期、最喜欢的菜、最好的朋友……获取信息最多的那个人就会成为"特工首领"。

密码齿轮

按照第123页的指示剪下密码齿轮并且完成安装，然后在纸条上用英文写下一条信息！

A = B
B = C
...

多余字母密码

选定一个字母，将字母随意插在刚刚写好的句子中的任意位置。

比如选定字母G：

LGenga gis mgy bgegst frigend！

Lena is my best friend！

字母表密码

把每一个字母都换成字母表上它后面的那个字母，要想破译密码，你的朋友必须找到纸条上每个字母的前一个字母。

比如：

Ifmmp Mjmz.

Hello Lily

笔迹密码

把两张纸叠放在一起，用铅笔在第一张纸上用力地写下信息，写完后，把第一张纸撕碎扔掉。然后让你的朋友读出第二张纸上的信息，上面的笔迹很淡，他需要用铅笔描出上面的笔迹才能读取信息。

手势密码

如果你们交流的时候不能说话，那就提前设置一个手势密码。

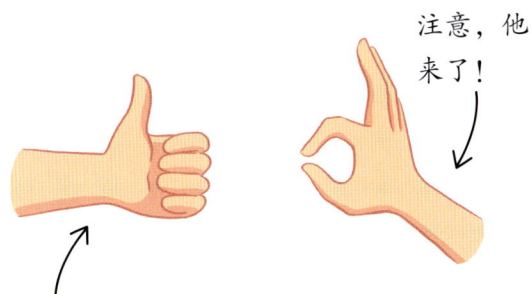

注意，他来了！

提前告诉朋友们各个手势的含义，这样下一次她们就能成功接收你的信息，否则她们可能完全不明白你的意思！

不可能！（为了迷惑敌人！）

好的，同意。

隐形密码

如果你想要用隐形墨水写一条信息，只需要准备一根棉签和一个柠檬，棉签就是笔，柠檬汁就是墨水。

要想获取信息，只需要加热纸条：可以使用蜡烛、暖气片、吹风机……真神奇！

数字密码

你可以把一些字母换成字母表中它对应的顺序数字，这样别人就很难读懂你的信息。

比如：

S5e/y15u/t15m15r18o23

See you tomorrow.

青春的小秘密

有时候我们可能会对优秀的男孩产生欣赏，想要和他成为朋友，这是非常正常的。

怎样与男孩交流？

想要认识新朋友最好不要发表长篇大论，或者在不了解一个人之前直白地表达喜欢。如果你不想直接向新朋友自我介绍，小纸条也许可以帮助你。让一个值得信赖的好朋友去探探底，你接下来的行动就会更容易！

每个人都要做让自己开心的事。

交友的黄金法则就是做你自己。对于男孩来说，一个永远附和他的女孩可没有吸引力！他可能喜欢和自己的男生朋友一起爬树或打游戏，但这并不意味着你也要和他一起做这些事情。每个人都有自己的爱好！

Hi!

穿出自己的风格

着装上也是一样，一个喜欢穿冲浪服的男孩并不一定喜欢一个穿冲浪服的女孩！保持自然和美丽，不用管别人喜欢什么。你受到欣赏，一定是因为你很真实。

Hi

如果他不想跟你交朋友，要怎么做呢？

你的好朋友可能会为了让你打起精神，对你说："算了吧，我早就对你说过了"，"他不适合做你的朋友"，"我觉得他不怎么样"，"他不喜欢你，还有很多人会喜欢你……"但这些话让你感觉还是太糟糕了。也许你真的很喜欢这个男孩，所以你特别伤心。

很遗憾，好感并不一定是相互的。如果你不能忘记他，尝试改变你的想法！别什么都不做，也别整天躺在床上想他，起来做手串、画画、写字、读书或看电影。做你喜欢的事情，和你的朋友们在一起，她们一定支持你。你要相信，你很快便又会开心起来！

女孩最喜欢的10种动物

这可能是女孩们最喜欢的十种动物了。

2 海豚

因为它非常聪明，我们都梦想着可以和海豚一起游泳！

1 马

因为它帅气、强壮、优雅，马术也可以成为我们引以为傲的特长！

5 兔子

因为它很温柔，而且它的小鼻子非常可爱。

4 猫咪

因为它神秘又温柔，脆弱又独立，我们都喜欢靠在它身旁。

3 狗狗

因为它是人类最好的朋友，也是我们最真诚的伙伴。

6 狮子

因为它是森林之王，它让我们恐惧，但也让我们着迷。

7 仓鼠

因为它在笼子里奔跑的样子实在太有趣了，它就像置身于自己的游乐园，我们可以花好几个小时观察它。

8 大熊猫

因为这是一种正在消失的物种，也因为它很像一只温柔的大狗熊。

9 火烈鸟

因为它象征着优雅与美丽，而且粉红色的动物可不是哪儿都有的！

10 雪貂

因为它很小很可爱，而且我们还可以训练它！

给自己按摩放松一下

你可以常常给自己按摩，放松身体，别等到身体不舒服才开始尝试。

放松脚掌

在疲惫的一天或高强度的体育课后，用脚掌滚动网球，这个动作可以帮助你放松。

缓解头疼

两只手的食指和中指紧紧贴在一起，在你的太阳穴和肩颈处画圈按摩。

按摩双手

不要忘记给我们疲劳的双手放松一下！先朝不同方向折叠两只手腕，然后双手交叉，两只手腕做旋转动作。接着一根根按摩手指，从手指根部按到指甲。

放松肩膀

先前后转动双肩，然后分别转动单侧肩膀！

你知道吗？

驼背会让你的呼吸能力下降30%，所以一定要抬头挺胸！

可爱的绒球

绒球可爱又好看，而且很容易制作！

在纸板上画两个大小不同的圆，就像画菠萝片。

剪下两个圆，把它们的中间部分去除，得到两个圆环。把两个圆环叠放在一起。

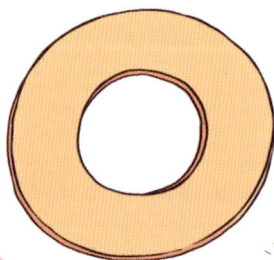

用一根毛线把两个圆环系在一起。

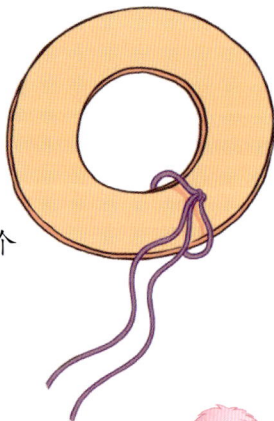

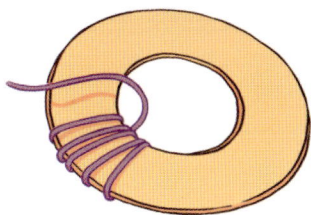

把毛线一圈圈缠在环上，直到毛线无法从中间的洞穿过。

把剪刀的尖端塞进两个圆环中间，剪断圆环外侧毛线。

在两个圆环之间（剪断毛线的地方）用一根长毛线把散开的毛线缠绕起来，拉紧打结。

小心地剪开纸板，把它完全去除。然后剪掉毛线超出来的部分，这样就可以得到一个光滑的球面。好了，绒球成型了！

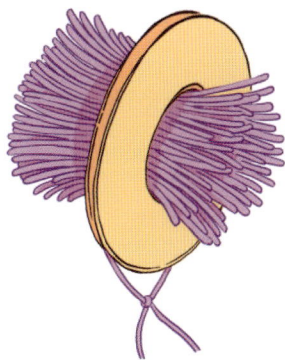

小窍门

你可以使用不同颜色的毛线来制作一些别致又百搭的绒球：搭配包、平底鞋、腰带、房间的窗帘、靠垫……或者制作一些可爱的小动物，用绒球来充当它们的眼睛。

厨房任务

想成为一个真正的大厨吗？以下是一些厨房小妙招！

品种丰富的新鲜食材

尽可能使用新鲜食材，你可以和父母一起去超市选购。选购食材是第一步，货架上品种丰富的食物就是一场视觉盛宴。

切菜

你得知道该怎样给各种蔬菜去皮以及蔬菜的各种切法，这是厨师的基本能力之一。所以，准备一个菜板和一把锋利的刀，练习如何将蔬菜切成圆片、小块、薄片，注意别切到手指！

调味

细节改变一切！咸味、甜味、麻味、辣味：尝尝这些味道，看看哪一种适合放进你做的菜里。八角、陈皮、咖喱、肉桂、香菜、小葱、香芹等，每种调料都可以为你的菜肴增添一种特别的味道。

小挑战！

你知道吗？想要爱上一种你本来不喜欢的食物，只需要品尝它十到十五次。这值得一试！

做菜很简单

作为星级厨师，现在你已经准备好一道菜的食材。尝试做出各种美味菜肴了吧！

○ 自制酱料和火腿　　　○ 曲奇饼干
○ 焗烤通心粉　　　　　○ 松饼
○ 火腿奶酪三明治沙拉　○ 纸杯蛋糕
○ 巧克力慕斯

茱莉亚·赛德福贞

可以做出美味佳肴的女主厨！

当我们谈到大厨，总是会想到头戴厨师帽的男性。但是也有女主厨！2016年，年仅21岁的茱莉亚·赛德福贞经营的餐厅就被评为米其林一星，这也让她成为了"法国最年轻的星级主厨"！这位来自法国南部城市尼斯的女生一直热爱烹饪各式地中海特色菜肴，这些菜品的名字就足以唤醒大家的味蕾：肉馅卷，普罗旺斯鱼汤，茴香油酥饼，巧克力棒……2018年，她在巴黎新开了一家餐厅：Le Baieta，这个词在尼斯方言中代表"亲吻"。

家庭挑战

　　也许有时他们会给你很大压力，也许有时他们好奇心太重，想知道你所有秘密，但你的父母和兄弟姐妹永远支持你，所以请照顾好他们。

给自己一个放松的周末

把手机放到抽屉里两天，和家人玩一下社交游戏或者和兄弟姐妹谈天说地。遇到问题别习惯性地上网搜索，而是去查一下字典或者问问知识渊博的父母！向大人提问，问问他们以前的日子是怎样的，没有手机时他们怎样和朋友说话，怎样知道自己要迟到了……你看，这是很有趣的！

分享游戏

电子游戏是你生活中很重要的一部分，但别把自己关在房间里打怪兽，找个下午来一次家庭挑战吧。向父母和兄弟姐妹展示你的世界，这样他们会更理解你！

你知道吗？

47%的电子游戏玩家都是女孩！

网络世界真丰富

如果在13岁之前你无法注册某些社交网站，那一定是有原因的。现实世界的规则在虚拟世界中同样适用，所以一定要注意你说的话和你浏览的内容。如果有些页面有病毒，如果有人问你过于私密的问题，或者有人问你地址……这意味着危险，一定停下来！去告诉父母。

规定时间

为了养成好习惯，提前（比如在年初的时候）和你的父母制定手机使用规则。在一张纸上写下你可以上网的日子、时刻和时长！

整理大作战

怎样整理你的衣柜？

闺蜜的放松时刻

整理衣柜是一个好习惯，但是怎样让这个过程更有趣呢？把所有你不想穿的衣服放在卧室中央，大家都穿上短裤和T恤，蒙上双眼，剪裁、涂鸦、搭配自己身上的衣服，创造自己的品牌！最快完成作品的人获胜！

改造旧衣服

一件旧T恤可以成为你画画的材料，一件小了的花裙可以被改造成一条漂亮的丝巾，一条短了的牛仔裤也可以成为一条时尚的牛仔短裤。

给衣服第二次生命

别把衣服扔进垃圾桶，它们值得拥有更好的去向。如果一件衣服既不适合你的家人，也不适合你的朋友，那就把它捐给家附近的公益组织。

66

服装搭配

搭配服装是一门艺术。如果你需要整理衣柜，你就可以举办"穿搭秀"。一件短袖上衣可以搭配短裙、蓝色牛仔裤、红色短裤或打底裤。你看，一件上衣就有四种搭配。

你也可以在一个本子上记下自己最喜欢的穿搭，如果有一天早上不知道穿什么，只需要看一眼本子就能找到合适的衣服。

清理衣柜

你知道"清理衣柜"吗？就是衣柜里只保留自己需要的衣服，清理掉那些"万一会穿"的衣服。如果一件衣服太小了、太紧了、不舒服或者领口没了弹性，那就扔掉它！清理完成后，你会感觉神清气爽，但也可能站在衣柜前感叹："哎呀……我没有衣服穿！"

怎样控制怒火？

有人使你烦躁、气恼、愤怒……你因气愤而脸红，想要大喊大叫，想要打人，想要发泄？放松！这里有一些建议可以帮助你保持平静！

建议1 远离

别说出不经大脑思考的话，也别表现得像个泼妇，最简单的办法之一就是远离那个刺激你神经的人。

禁止打扰

建议2 呼吸

吸气，呼气，放松。呼吸可以让新鲜空气进入你的身体，从而减少你的压力。然后，你便可以顺畅、理智地表达。

建议3 正确看待

如果你和对面的人都非常生气，你们多半无法达成一致也无法交流沟通。那么在发火之前问问自己："这件事真的非常非常严重以至于要生气吗？"

建议4 找到原因

找到生气的原因，然后你会更好地认识自己，下一次你就可以预料到自己的反应。比如说，如果你因为做作业被打扰而生气，就要和你的家人说明：你要写作业了，在此期间，不要以任何理由来打断你。

建议5
控制语调

我们说话时的语调非常重要。站在镜子前，练习用各种语调（开心、玩笑、凶狠、恶毒、气愤）说："你真蠢。"这样你就可以观察自己的脸色是怎样随着语调变化的。

建议6
解释

一旦你的怒火完全平息，就需要找对方好好解释一下。解决问题可以帮助你下次更好地管理自己的情绪！有时，愤怒仅仅只是因为一个小误会。

未来任务

生活中要有目标，对未来要有计划，心中要有梦想……你可以根据自己喜欢的科目找到合适的发展方向。

语言：笔译、口译、导游、语言学家等。

中文：记者、作家、交流相关的工作、律师等。

科学技术：手工业、种花人、机械师、施工指挥人员、农业从业者等。

未来我要做什么？

历史地理：古生物学家、地图绘制员、博物馆馆长、火山学家等。

数学：会计、工程师、证券交易人、医生、生物学家等。

玛丽·居里

科学天赋并不是男性独有！

1867年，玛丽·居里出生在华沙，她是唯一得过两次诺贝尔奖的女性。1903年，她和她的丈夫皮埃尔·居里因对放射性的研究共同获得诺贝尔物理学奖，八年后，她又因证明了镭是一种金属获得诺贝尔化学奖。你为什么不可以呢？

但不管怎样，你还有很多时间。你的未来就在前方，如果你已经找到了未来的方向，那很好，走你想走的路。如果你还没有想法，放轻松，不久后一切都会清晰……现在，你是一名学生，这已经是一份充实的工作了！

DIT 独一无二的挂件

你想不想制作一些漂亮的挂件或手链吗?
可以自己佩戴也可以送给别人!

你需要准备:

★ 若干热缩片 （去手工玩具店里找一找）
★ 1个热风枪
★ 1个打孔器
★ 1根细绳或饰带
★ 彩色铅笔
★ 滴胶

选一个你喜欢的图案，用铅笔把它描绘在热缩片粗糙的那一面，先从轮廓开始描。

用彩色铅笔给图案上色。

把热缩片放在准备好的容器里，将热风枪对准热缩片大概两厘米的距离开始画圈，让热缩片均匀受热，为了使它更平整，可以用重物压在未定型的热缩片上面持续几秒钟。

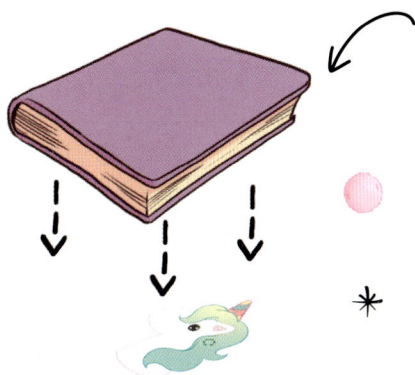

剪下在热缩片上画好的图案，然后用打孔器在上面打孔，打孔处都标记一个圆圈。

热缩片平整定型后让它冷却一会儿，并在画画的一面滴上滴胶，这一步可以省略，但你的画会容易掉色。

小窍门

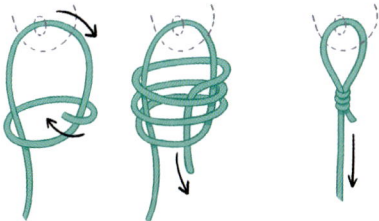

为了可以自由调节手链的松紧，可以给手链做一个调节扣。把棉线穿进孔里，让棉线一端围着另一端环绕两圈，然后从形成的圆圈中穿出去。接着用另一端的棉线进行同样的操作。最后剪掉多余的棉线头。你也可以让大人用打火机烧一下调节扣，这样它会更稳固。

把细绳或饰带穿进孔里，你的独特的挂件或手链就做好啦！

100%恐怖料理

欢迎来到黑暗料理王国！一切都是可食用的，但是要敢于接受它们的模样……

凉菜"白虫"来袭

你需要准备（2人份）：

∗ 1根黄瓜
∗ 1盒豆芽
∗ 醋

1 把黄瓜切成段。
2 把每段黄瓜中间的部分去除掉一半，放上豆芽。
3 倒一些醋。

主菜 怪兽眼睛

你需要准备（1人份）：

∗ 1个鸡蛋
∗ 1颗橄榄，切成圆片
∗ 小葱段
∗ 蛋黄酱

1 把鸡蛋放入小煮锅里，用开水煮10分钟，然后拿出来冷却。
2 给鸡蛋剥壳后，竖着切成两半，然后在每个蛋黄中央都放一片橄榄，充当眼珠。
3 拿一些小葱段放在眼睛上方，充当眼睫毛。
4 在眼睛下方滴几滴蛋黄酱，充当眼泪。

主菜 香肠木乃伊

你需要准备（4人份）：

* 8根香肠
* 做酥饼或比萨的面团
* 蛋黄酱
* 1颗橄榄，切成小片

1 烤箱预热至180度。

2 把面团切成细丝，缠绕在香肠上。

3 把香肠置于放面团的烘焙纸上，烘烤15分钟。烤熟后，把香肠从烤箱中取出来，冷却。

4 在每根香肠上放两滴蛋黄酱充当眼睛，在蛋黄酱上放橄榄充当眼珠。

甜点 长虫的苹果

你需要准备（1人份）：

* 1个苹果
* 一些糖粒

苹果切块，在每块苹果上都切一些小口，把糖粒放进去。

祝你吃好喝好！

游戏快乐

成为明星

想要自由地唱歌跳舞吗？和朋友一起来学习怎样准备一场表演吧！

音乐会

艺名

出道之前，你得先为自己取一个艺名。从一些你喜欢的词里选几个，组合起来，你就会拥有一个好听的艺名。

你也可以用自己姓名的拼音首字母进行组合……或者使用你喜欢的地名（Schoolgirls），城市名（Best Venise），历史人物……

呼吸和姿态

训练气息：瑜伽、跑步、骑车、游泳……所有的训练都是为了更好地呼吸！站直，想象自己是一个木偶，有人用线牵着你的头顶。

创作歌曲

不需要写很多词，一段朗朗上口的副歌加上两段歌词足够了。记住歌词，反复练习，找到正确的节奏。你不觉得自己拥有创作家的灵魂吗？选一首大家熟悉的歌曲，每个人都认真听一下，根据听到的歌词想一些舞蹈动作。比如，收缩身体展现恐惧，伸出手臂展现快乐等。把你们的想法集中起来，组合成一段自己的表演！

发音

一个歌手的发音一定要标准。大家轮流来，在嘴里含三块棉花糖，唱自己最喜欢的副歌……不能喷口水，这一定非常搞笑！你们也可以练习绕口令，这是一种很好的发音训练法。比如说，用最快的速度说："吃葡萄不吐葡萄皮，不吃葡萄倒吐葡萄皮"或"八百标兵奔北坡"。

柔韧性

想成为一个全能、活力四射、热爱运动的明星，你们需要一些训练！两个人水平拿着一把扫帚，放在与肩膀同高的位置，每个人轮流进行练习，后仰着从扫帚底下经过。但是注意哦！扫帚的高度会慢慢降低，训练难度会越来越大！

牙线舞

你一定知道牙线舞，它也叫"甩手舞"或"背包小子舞"，由一个16岁的美国男孩设计。牙线舞诞生后，很快传遍了各大社交网络，一时间所有名人都在模仿。现在由你来引起轰动！你也可以设计一些简单但非常受欢迎的舞蹈动作。

这里有一些建议：

◊ 手放在头顶上，扭腰。
◊ 先把手臂置于身体两侧，然后起跳，跳跃的同时在头顶上方拍手。
◊ 蹲下然后跳起来！手指笔直地指向天空。

变漂亮

一身亮眼的舞台装是非常重要的！你们可以选择颜色不同的服装，或者也可以统一着装：每个人都穿上牛仔裤和颜色相同的T恤，然后戴上相同的配饰。

克服怯场

上台前怯场是非常正常的事情，它甚至还有一定的积极作用！紧张会让你在观众面前更加精力充沛。所以别害怕，勇往直前！

跳起来，让气氛热起来

现在你们已经练习完毕，可以进行一场完美的表演了，上台吧！和朋友一起享受这个时刻，它会成为你最宝贵的记忆。

保持好情绪的10个方法

这些简单的小方法可以帮助你保持好情绪！

1 起床前伸展身体

闹钟响后，别急着起来，先伸展一下身体，再离开温暖的床。

2 一顿丰盛的早餐

花时间准备一顿营养均衡的早餐：奶制品，谷物制品或面包片，一杯果汁或一个水果。你喜欢什么就准备什么！

3 装了半杯水的杯子

装了半杯水的杯子，你看到了满的一半还是空的一半呢？我们总想说出那些不好的事情，却不怎么表达自己的快乐。但是快乐是会相互感染的，一定要表达出来！

4 最美丽的笑容

今天你很高兴，那么就向全世界微笑吧！别忘了，人生苦短，及时微笑，趁你现在还有牙齿。

5 相互理解

你最好的朋友丽莎没来参加你的生日会？尝试寻找原因，不要让你们的关系恶化。

6 制作计划表

通常，坏情绪来自生活中的一些麻烦，但是有解决办法！
每周日，把下周的计划表做出来，把喜欢的事情标注成粉色，讨厌的事情标注成绿色。粉色的事情应该多于绿色的事情！

8 保持平静

你的父母总是跟在你身后念叨，让你整理房间、完成作业……告诉自己（虽然这并不容易）他们出发点是好的，尽量避免冲突。对你的兄弟姐妹也是如此：保持冷静！

7 运动

当你感到沮丧时，试试振作起来，出去运动！这可能是你最不想做的事？但这也是让情绪变好的最好方法。

9 写日记

在日记中放松自己，试着每天都记些有趣的东西：那些装饰了你的一天的小事或大事。

10 睡个好觉！

睡觉前，想想第二天会发生的好事。别忘记，一次良好的睡眠对于保持好情绪是非常重要的。好了，上床睡觉！

年度挑战

如果你在这一年中做了所有让自己开心的事情，那么这就是充实的一年。你可以和朋友、家人、同学一起，也可以自己一个人完成这些挑战，给这一年添加一些难忘的时刻。你可以这样做：

挑战1：
今天，向很多人说"你好"。

挑战2：
和街上遇到的老人来一个自拍。

挑战3：
在同一天吃三种你不喜欢的食物。

挑战4：
给每个家庭成员写信、明信片或小纸条，让他们知道关于你的新鲜事。

挑战5：
找到最长的头发。

挑战6：
看一次日落，直到太阳完全落下！

挑战7：
给一只手臂贴满一次性贴纸。

挑战8：
一整天都穿着睡衣。

挑战 10：

找一些卵石或小石块，看看它们的形状像什么，然后用颜料在石头上写下它们的名字。

挑战 9：

自己做面包，这是多么让人骄傲的技能！而且热热的面包很好吃！

挑战 11：

为你的弟弟妹妹们组织一次寻宝活动，你也会和他们一样开心！

挑战 12：

在草地上采一些小野花，用它们编一条手链。

挑战 14：

涂指甲油，每个指甲的颜色要不一样！

挑战 13：

一整天都穿着两只不成对的袜子。（小窍门：穿在靴子里，这样别人看不见，也不会知道！）

挑战16：

倒着走去寻找一家面包店。

挑战15：

躺在草地上，观察云朵的移动。放空大脑，给身体充电！不同形状的云朵可以激发你无穷的想象力：这朵云像绵羊，那朵云像爱心……

挑战17：

长时间地观察一个蚂蚁群，这很有趣……

挑战20：

改变房间的所有布置：家具和装饰都要变。

挑战18：

和家庭成员进行厨艺大赛。

挑战19：

改变发型：戴帽子，戴发箍，梳发髻，绑发带……尝试所有的发型，找到最合适的搭配！

挑战21：

洗一次泡泡充足的泡泡浴。

挑战22：

和朋友进行堆雪人大赛，最后打雪仗。

挑战24：

给喜欢的朋友送一个礼物，不需要寻找特殊的时机。

挑战23：

和你最好的三个朋友逛街。

挑战25：

即使没有停电，也和父母一起度过一个无电的夜晚，就像回到古代……你们可以吃一顿烛光晚餐，气氛一定非常棒！

挑战26：

穿上你妈妈或姐妹的衣服，在你家所在的街区走一圈。

挑战28：

每周一，和朋友选出"一周女王"，由这个人决定你们本周的游戏。

挑战27：

给房间的墙面贴满便利贴，之后记得把它们取下来，否则就浪费了！

真心话任务

在你内心深处，一定隐藏着许多秘密。
也许你可以把它们都记在纸上？

日记本

找一个本子，最好是可以自由增减内页的本子，以便取下写漏的纸张。写下你的个人信息：姓名，生日，身高体重，优点，缺点，星座……把你自己、你的家人朋友及你的房间的照片粘在上面。你也可以画一些图画来展示你的生活，还可以做一些贴画或者用荧光笔勾画一下。

每天晚上写几句话来总结这一天。如果周中没有时间，你也可以周末写。

日记里什么都可以写：你的恐惧，你的愿望，你难以保守的一个秘密，你可以把一切都告诉日记！

把日记本藏好！它记载了你的全部生活，如果别人发现了你所有的秘密，那可太糟糕了……

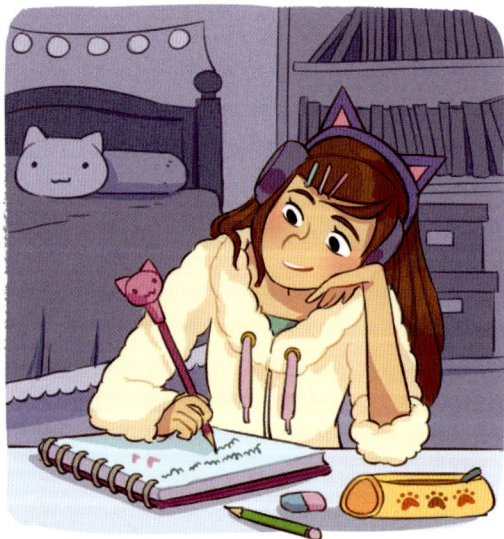

日记是写给你自己的，所以时不时翻一下以前的日记：你会被自己逗得发笑，也可以看看自己有什么改变。回顾走过的路是一件很棒的事！

安妮·弗兰克

这个命运悲惨的年轻女孩在写作中寻求庇护。

安妮·弗兰克于1929年出生在德国的法兰克福，在她十岁的时候，第二次世界大战爆发。安妮是犹太人，而那时的纳粹政府认为犹太人是下等人。于是安妮一家便离开德国，逃往荷兰。1942年，为了不被纳粹发现并且活下去，安妮·弗兰克一家和另外四个人隐居在荷兰。但两年之后，他们的藏身处还是被发现了，于是所有人都被送去了集中营。在这次战争中，只有安妮的爸爸活了下来。他找到了女儿的日记，在日记里，安妮详细描述了二战期间他们一家的隐居生活。她爸爸大受震撼，决定将这本日记发表出来。1947年至今，这本书已经被翻译成四十多种语言。

搭一个帐篷

想度过一个私密的下午或在美丽的星空下呆一晚上？动手搭一个帐篷吧！

你需要准备：

★ 5根1.5米长的木棒或竹竿
  （竹竿更好）
★ 细绳或丝线
★ 旧床单
★ 1把剪刀
★ 乡下或草地的某个角落，
  或者野营营地

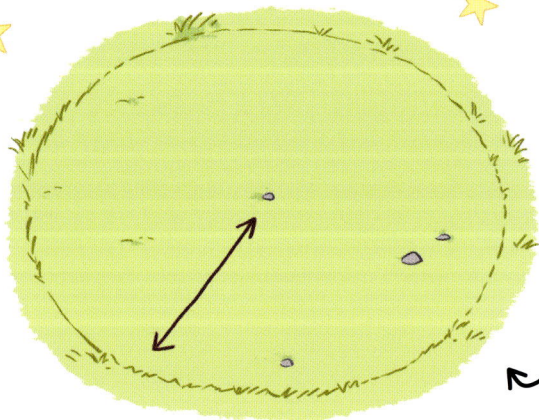

打扫出一块干净的地方，除掉脚下一切会让你受伤（扎伤、刮伤、滑倒）的东西。然后用细线在地上围一个圆，你想要多大的帐篷就围多大的圆。

把三根木棒的一端分别置于圆周上，另一端用绳子捆在一起。

加上另外两根木棒，进行同样的操作，让支架更稳定。

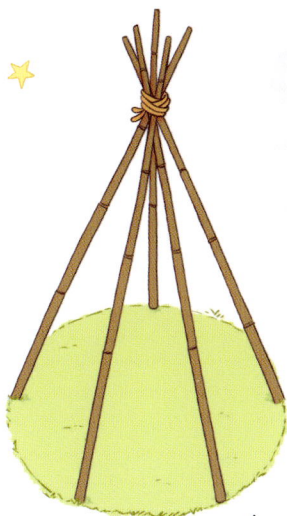

小窍门

为了让帐篷更加舒适，可以在睡袋下面放一个枕头和一个瑜伽垫。

把旧床单挂在帐篷的顶端，让布料垂下来，把支架全部覆盖住。在床单上剪一些洞，用细绳把床单和木棒捆在一起。别忘记给帐篷留一个出入口。

当然，你也可以直接使用一个做好的帐篷，但是乐趣是完全不一样的。住在自己动手制作的帐篷里是一件多么开心的事情！

恐怖游戏和故事

想要在星空下度过一晚，并不需要太多东西：一个舒适的可以躺的地方，消磨时间的小零食，一个或几个同伴，一个手电筒（安全起见），当然，还需要克服恐惧的勇气！

狼，你在那里吗？

指定一个人当"狼"，大家都在黑暗中就位。狼发出嚎叫声，同时去触摸其他人，把他们转化为狼。被转化为狼的人也需要发出嚎叫声，去触摸剩下的人。最后被摸到的人获胜。

营造恐怖气氛

○为了区分大家的水杯，在纸上画两个形状、颜色等不同的小骨头，然后把它们剪下来粘在吸管上，这样大家就可以辨认自己的水杯了。

○制作一个骨架，挂在帐篷或小屋的门口。

○让蜘蛛到处爬：可以用塑料或甘草糖做一些假蜘蛛。

○买一些怪兽小饼干。

饿了吗？

在大人的帮助下，制作一些棉花糖烤串。把棉花糖串在木棍上，然后放在烤架上烤，耐心等一会就可以品尝啦！

惊悚故事

每个人轮流编故事，故事中要出现大量的怪兽或恐怖元素：狼人、吸血鬼、僵尸、女巫、幽灵等等。讲故事时，手里拿一个关着的手电筒，在某个神秘或关键的时刻停止讲述，然后突然对着你的朋友打开手电筒，或者拿一根羽毛挠她。一定非常恐怖！

科学挑战

夏天夜晚的星空非常美丽，为什么不躺在草地上好好观察一下呢？你看，星空非常迷人，你会感觉自己成了宇航员！

找星星

你只需要找到一片没有云也没有月亮的夜空，同时身边不能有城市的灯光和污染。夏天的山顶就是最佳的观测点。让眼睛慢慢适应昏暗，让自己放松下来。

天文学是什么？

在希腊语中，"天文学"这个单词意为"天体运行分布的规律"；这门学科致力于观察星球、认识星星和太阳系。用肉眼观察天空，我们可以看见星星，看见白天照亮地球的太阳，看见各种各样的星座……

这是一些最著名也是最容易辨认的星座：

大熊座很像一把勺子。

小熊座像一个有柄平底锅，北极星在手柄的末端。北极星指示着北方。

你知道吗？

我们所在的星系叫银河系，约有2000多亿颗星，但这些星球并不都是肉眼可见的，因为它们距离地球太远了。

仙后座像字母W。

天鹅座像一个十字架，也叫"北十字"。

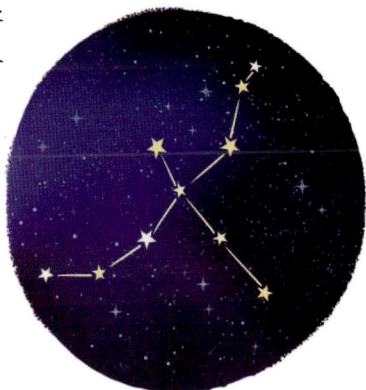

DIY 捕梦网

想要安然入睡，就在房间里挂一个捕梦网。它会捕捉美梦，摧毁噩梦。你只要相信它就行了！

你需要准备：

★1个直径20厘米的铁环 （在手工玩具店里可以 找到）

★4米长的棉线

★1个打孔机

★1把剪刀

★胶水

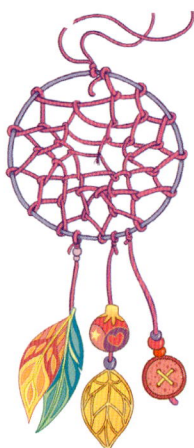

准备好圆环，用棉线在环上打一个结，然后把棉线缠成一个线团，不要把线弄乱。紧紧拉住刚刚打的结，让线团方向朝外绕过圆环，然后从形成的洞中穿过，最后拉紧形成的棉线段。

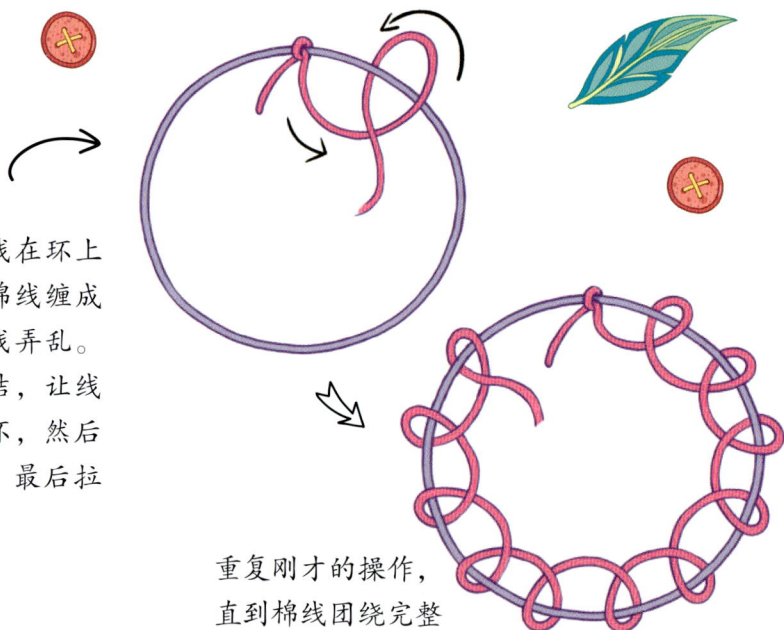

重复刚才的操作，直到棉线团绕完整个圆环。

结束之后，开始编织第二层网。在第一层棉线段中间
打结，重复刚才的操作，直至第二层网编织完毕。

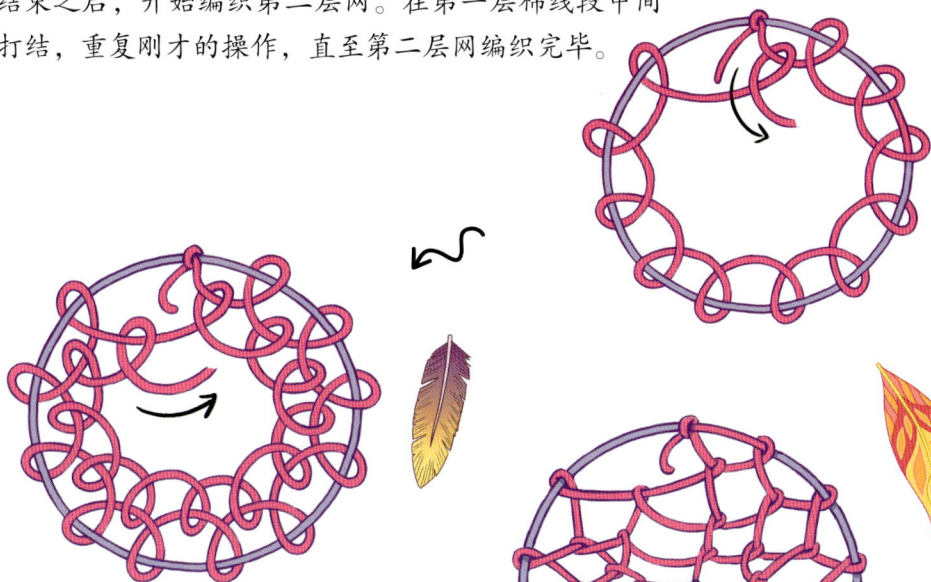

继续编织接下来的几层网，一直
编到圆环中央。在中间打一个
结，让捕梦网闭合。

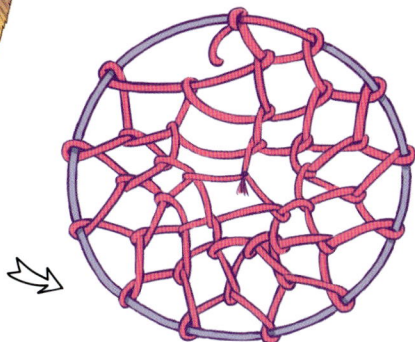

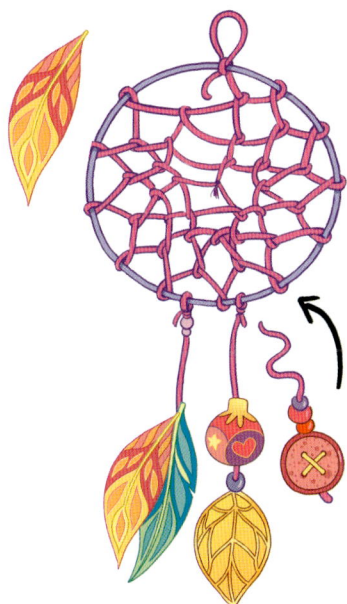

在捕梦网上方系一根线，
以便把它挂起来。

在捕梦网下方挂三根线，根据你的
喜好挂一些小饰品（见第125页），
你可以给饰品打孔，也可以直接把
它们粘在线上。

运动挑战

尝试在体育领域接受挑战！给自己列一个挑战清单，每完成一个新的体育项目，就在清单上打一个勾。

1.马术 ☐

购买专业的马术装备之前，为什么不先去马术俱乐部里骑一圈呢？你也可以找一个下午，让家人陪你出去骑马。

2.柔道 ☐

谁说只有肌肉发达的人才能练习柔道？踩上榻榻米之前，先接受这个挑战。柔道的基础是手掌撑地倒地法，学习一下这个技巧，避免摔疼。

3.舞蹈 □

注意！我们说的舞蹈并不一定是古典舞，芭蕾舞会让你的脚很痛！在了解所有舞种之前，先和朋友练习一下跳舞，同时设计一些简单的动作！

4.沙滩排球 □

如果你接受这个挑战，那么你需要在下一次去沙滩时完成任务。要组建一支沙滩排球队伍，你需要集齐足够的参与者。这个挑战非常有趣，你会拼尽全力，还会认识新朋友！

5.杂技 □

你非常想找点儿好玩的？杂技就非常合适！你可以先在家里练习：往前翻跟头，往后翻跟头，头顶书走直线，双手骑车换成单手骑车，抛接两个球、三个球……一旦你练习好了，就去咨询一下是否可以在家附近进行杂技表演。

我尝试了：

○ 一项团体运动：
○ 一项个人运动：
○ 其他运动：

女孩可能需要的10件物品

不过没有什么是必需的，你可以根据建议和自己的需要准备。

1 最时尚的运动鞋。因为它们非常百搭，可以搭配短裙、紧身牛仔裤、长裙、短裤……

2 床头柜上的一本好书。阅读是非常重要的，此外，通过读书，你不出门就可以旅行，非常方便！

3 记事本。你可以记任何东西，比如你的作业、朋友的生日和她们说过的话、你的愿望……

4 一个可爱的旧的毛绒玩具。即使你已经长大了，有个毛绒朋友也不是一件羞耻的事情！

5 一个手包，你可以把自己的小东西都放进去：手机，耳机，糖果或其他小玩意儿。

6 一本相册，它可以让你沉浸在温暖的回忆中。

7 一个MP3随身听、收音机或其他可以听歌的工具。没有音乐，生活就不美好！

8 日记本。因为我们经常都需要记录日常，抒发情感。

9 一个化妆包，里面装着许多必不可少的东西：发夹，发带，指甲油，香水，唇釉……

10 一副墨镜，它可以让你变得光彩照人，而且说实话，阳光真的很刺眼。

做作业前放松一下

在集中精力做作业之前，找一个合适的地方让自己做一下准备。

蝴蝶式

坐在地上，两个脚掌相对。先像小蝴蝶一样小幅度扇动手臂，然后像大蝴蝶一样扩大扇动范围，这个动作可以帮你放松手臂。然后，把头放在脚上，如果你的身体不够柔软，就不要勉强，能放到哪里就停在哪里，重复几次。接下来，保持脚掌相对，后背挺直，缓慢呼吸的同时，两腿像蝴蝶一样扇动。

倾听宁静

在快节奏的生活中，我们要学会从喧闹的世界中抽离出来，倾听……宁静！现在到处都有各种各样的声音：飞机的轰鸣、小鸟的叫声、喧闹的人声、远处的汽车声、待机状态的电器声。享受安静可以让你的大脑放空，帮助你在做作业前集中注意力！

要有自信心!

比起欣赏自己的成就,我们总是更容易发现自己做得不好的地方。这五个小妙招可以帮你重拾自信心!

关注自己,如果你忽视自己,那你就不可能自我欣赏。

睡眠、饮食、服装、发型,你要关注自己的一切。你并不需要成为完美的女孩,但是要尽力让自己感到舒适。

运动!

运动可以为你带来快乐并且帮你释放压力。研究表明,运动越多,对身体的关注越多,对身体的接受程度越大,你就越有自信!

随着时间的推移,你会越来越自信。

但是与此同时,你得列出自己擅长的事情,而不要总是关注自己的小缺点。

对自己宽容一些，完美是不存在的！

广告和媒体总是给我们发送那些完美女生的图片，在你这个年纪，心中有偶像是很正常的。但是你知道吗？这些图片都是修饰过的。

此外，明星拍照时有明亮的光线、优秀的取景和完美的妆容，所以她们在镜头前光彩照人是很正常的！你要学会带着宽容审视自己，要学会欣赏自己的照片！

思考下面的故事

虽然其他青蛙都说"这绝不可能"，但依然有一只青蛙成功登上了塔顶，因为它的耳朵听不见。这个故事告诉我们，只要我们相信自己、相信自己的能力，我们就能尽力获得成功。永远不要失去希望！

坚定地表达自己的观点

当然，不要大喊大叫！要勇于说"好"，必要时也要勇于说"不"，声音要清晰洪亮，别自言自语，毕竟别人不会随时都在注意听你说话。

滑板任务

学滑板吗？在滑板上什么都会发生！

你需要准备：

★ 一个滑板
★ 一双平底运动鞋
★ 防护装备：头盔、护膝和护肘
★ 一块平坦的地

第一步

成为滑板冠军之前，先要训练一下你的身体：学会上板、保持平衡、转弯……现在，你可以准备出发了。先把一只脚踩在滑板上，另一只脚给一个助推力，两只脚都在板上时，要尽力保持平衡。当滑板动力足够时，调整两只脚的位置，让脚尖方向与滑板前进方向垂直，然后向前滑行。

怎样让滑板停下？

可以向前滑行是很棒的，但也要知道怎样停下！

∅ 你可以把一只脚放到地上，让滑板停下来。这也是滑手的鞋子经常损坏的原因之一。

∅ 你也可以把后脚移到滑板的尾部，后脚跟突出板尾，然后重心后移，后脚跟轻压板尾，让滑板前端翘起来。嗨！停下来了。

艾伦·奥尼尔

一位在男性居多的运动中展现了超高水平的全能女滑手！

艾伦·奥尼尔出生在美国加利福尼亚州的圣迭戈，是20世纪70年代第一批职业女滑手之一。一开始，滑板只是她上学的交通工具。她去圣迭戈体育场报名参加滑板比赛只是想尝试一下，但最后她声名大振。这个美丽的女孩在滑板方面拥有惊人的天赋，很快，她就吸引了赞助商，成了滑板届的传奇人物。

尝试艾伦·奥尼尔的招牌动作

艾伦·奥尼尔的招牌动作之一就是"hang10前轮滑"，要完成这个动作，首先滑板需要足够的动力，然后双脚并拢放在滑板前端，尽力保持平衡。你可以花几个小时练习这个动作，但是千万别忘记戴上防护装备：护膝，护肘和头盔。这样更加安全！

彩虹蛋糕

来尝试做一些彩虹蛋糕怎么样？成品一定令人赞叹！

你需要准备（8人份）：

* 6个鸡蛋
* 400克糖
* 200克黄油
* 400克面粉
* 400毫升的牛奶
* 500克用于烘焙蛋糕的奶酪
  （比如马斯卡彭奶酪）
* 200克鲜奶酪（比如卡夫菲力奶酪）
* 125克糖粉
* 1小袋酵母粉
* 红色、黄色和蓝色的食用色素

1 搅拌糖和鸡蛋，然后加入黄油搅拌。
2 搅拌的同时加入一点儿面粉和酵母粉，然后加入牛奶。

3 把搅拌后的面糊分成六等份，每一份分别加入以下颜色的食用色素：黄色，红色，蓝色，红色和蓝色（混合成了紫色），黄色和蓝色（混合成了绿色），红色和黄色（混合成了橙色）。

4 烤箱预热至180度，把六份面糊放在蛋糕模具里，依次送进烤箱，每个烤10分钟。

5 准备淡奶油。混合搅拌马什卡彭奶酪、鲜奶酪和糖粉。

6 蛋糕冷却后，交替叠放不同颜色的蛋糕，每层蛋糕中间都涂上淡奶油。

7 用剩余的淡奶油涂满蛋糕的顶部和四周。

哇哦！

自我挑战

友善不等于软弱, 恰恰相反, 友善的人往往很坚强。成为一个友善的人并不需要付出太多, 试试看!

对家人和朋友要乐于付出

即使你不会马上获得回报, 但之后你一定会很开心, 因为你可以依赖他们。此外, 帮助别人会让你感觉自豪, 这有助于心理健康!

参与社区生活

别等着别人开口请求, 你可以主动提供帮助: 有位年迈的老奶奶拿不动菜篮, 街上有条小狗和主人走散了, 有位女士把证件落在了面包店, 有个小男孩在商场里迷路了……你有很多方式贡献自己的力量!

照顾你的家人

你的爸爸妈妈度过了很辛苦的一天……所以现在别缠着他们问东问西。为什么不给他们写一张小纸条呢？写一些很简单但是很温暖的话：亲爱的爸爸妈妈，我表达得远远不够，我爱你们！然后把纸条放在浴室里、爸妈的枕头下、饮水机旁边……不需要寻找特殊的时机，这张小纸条一定会让他们非常开心！

保持平静

当有人请你帮忙做家务时，别拒绝。清空洗碗机，真烦！但无论如何，你最后都得做这件事，拖延有什么用吗？行动起来！

善于给出建议

今天是周日，天阴沉沉的，没什么事情做。别一个人在房间里发呆，向家人提议做点儿什么：制作小零食、玩游戏、出去逛逛。

头发护理秘诀

啊！你的头发在求助！

梳理头发

传说梳一百下头就可以让头发顺滑有光泽。这太夸张了，但你确实需要每天梳头，防止头发打结，同时也是为了清理头发上的灰尘。如果你晚上睡觉时比较好动或者出汗比较多，你的头发就会比白天更乱。为了避免这种情况，睡觉时你可以在头顶上扎一个松松的辫子或发髻。

洗头

每天洗头并不好。虽然这听上去不太合理，但洗得越勤，头发油得越快，因为经常按摩头皮会刺激腺体分泌油脂。每周洗一两次或在运动后洗头就可以了，注意使用不刺激头皮的温和的洗发露。

小窍门

如果想让头发有光泽，并不需要花费太多的时间、精力和金钱。你只需要按照上面的步骤好好护理你的头发！

避免毛躁

想要避免头发毛躁，并不需要做柔顺保养或吹头发，你只需要在洗头时使用不太热的水。冷水会使头发上的毛鳞片收缩，这样你的头发会更直。

理发

你可以给自己理发，如果爸爸或妈妈会使用理发工具，也可以让他们帮你。谁还没有尝试过给自己修剪刘海呢？不过你最好不要这样做，因为剪完后你很有可能会后悔，那就晚了！

耐心！

青少年的头发总是会更油，但这只是暂时的。头发平均每七年更换一次，所以如果你现在的发质不好，耐心一些，等待下一个周期！

DIY 有机护肤

来制作一些 100% 天然的美容产品怎么样？

润唇膏

嘴唇开裂了，自制润唇膏来救你！
这是制作润唇膏的步骤：

1 把玻璃瓶和瓶盖用开水煮10分钟，消毒杀菌。

2 混合搅拌蜂蜜和橄榄油。

3 为了让唇膏有光泽，你可以在原材料中加一些亮片；为了让它看上去更加漂亮，还可以加一些红色的食用色素！

4 把混合物倒入玻璃瓶中，然后放在冰箱里保存。

你需要准备：

★带盖的盛果酱的玻璃瓶

★1勺蜂蜜

★1勺橄榄油

消除肿眼泡

你睡觉的房间很热，所以你的眼睛肿了？切两片黄瓜，闭上双眼，把黄瓜放在眼皮上敷15分钟。最后用冷水冲洗。

紧肤亮颜面膜

你需要准备：

★1根胡萝卜

★半个牛油果

★1勺蜂蜜

★1勺鲜奶油

1 烧一小锅水，把胡萝卜放进去煮10到15分钟。

2 把胡萝卜碾成泥，加入牛油果、蜂蜜和奶油，混合搅拌，直到得到一种光滑黏稠的混合物。

3 待混合物冷却，把它涂在脸上，敷15分钟，然后冲洗。

—— 小窍门 ——

没有时间制作美容产品？只需要涂一点儿蜂蜜在嘴唇上，敷5分钟，美容完成啦！

拥有好肤色

想要制作草莓面膜，只需要把草莓切片，然后躺在床上，把草莓片敷在脸上。10分钟后拿掉草莓片，用水清洗，之后你就会拥有婴儿般的肌肤。

几乎完美的聚会

以下建议可以帮助你举办一次完美的年度聚会！

开始之前

和举办睡衣派对一样，问一下父母你可以邀请多少朋友。然后请他们帮你确定一个日期，并且帮你准备邀请函。

你的着装

因为你几乎是派对女王，所以穿上你喜欢的舒适漂亮的衣服。你也可以举办一次化装舞会，选择权在你手上！但如果要举办化装舞会，一定要在邀请函上注明。

装饰

用桌布、纸巾、玻璃杯和漂亮的麦穗装饰一下聚会的地方。

○装饰气球。根据聚会的主题，用记号笔在气球上画点儿什么：星星、爱心、年龄（如果是生日聚会）、小圆点、小圆圈、音符（如果是明星聚会，见第76页）。

○用花朵装饰生活。选一些大小不同的透明玻璃杯，往里装满水，然后加入食用色素，让水变成不同颜色：红色、黄色、蓝色，你也可以混合不同颜色以得到更多颜色，然后在每个杯子里插一朵花，它们会让气氛变得柔和而静谧。

冷餐台

准备一个巧克力蛋糕（所有人都爱它！），一些棒棒糖（你的朋友会喜欢的）和水果沙拉……

小建议

你也可以挂一条咖啡馆里的饰带，它可以立刻把你们带入聚会的气氛中。

最简单的办法就是准备一些小食，而不是做一顿大餐。这会让气氛更好，而且聚会并不是为了吃东西！

准备的食物要与聚会的时间相配合：如果聚会在下午，最好准备一些甜食；如果聚会在晚上，那就准备一些咸味的食物。

丰富的游戏

你们有一千零一个游戏可以玩！

1 无声传递游戏：第一个人无声地将信息传递给第二个人，第二个人无声地传递给第三个人，依次传递……直到传给最后一个人。最后一个人要说出第一个人传递的信息是什么。在一个人进行传递时，其他人必须闭上眼睛！

2 在额头上贴一张便利贴，上面有某个人的名字，通过向其他人提问，猜出这个名字，注意！被提问的人只能回答"是"或"否"。

3 你画我猜：一个人画画，其他人猜一猜她画的是什么。你们也可以增加难度：蒙上双眼，用左手（如果你是右撇子）或右手（如果你是左撇子）画画。

抢椅子游戏

这是个很经典的游戏，但是很有趣！把椅子围成圈，椅子的数量要比游戏参与者的数量少一个：如果你们有十个人，就准备九把椅子。让家里的大人放音乐，音乐停止时，每个人都要尽快找到一把椅子坐下，没有椅子坐的人被淘汰。然后撤掉一张椅子，游戏继续。直到只有一个人坐在椅子上：她就是最后赢家！

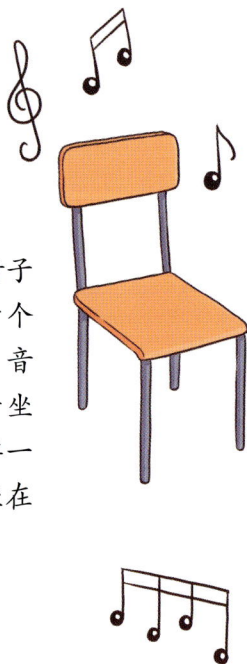

猜歌大赛

没有音乐就没有聚会！家里的大人放歌，你们要尽快猜出歌名和演唱者，最快猜对的人得一分。最先得到5分的人获胜，她就会成为今晚的DJ！

再见

朋友们离开的时候，给他们一个小纪念品：用游戏的方式发礼物。每个人轮流或大家一起来，当你喊出"解冻"，大家开始寻找礼物；当你喊出"冻住"，谁都不准动。给他们准备一个你自己制作的手工艺品：挂件、贴纸、漂亮的钢笔……用它们来纪念这一次聚会！

接下来……

好了，现在聚会结束，朋友们已经离开了。为了很快就可以举办下一次聚会，帮父母整理一下房间。

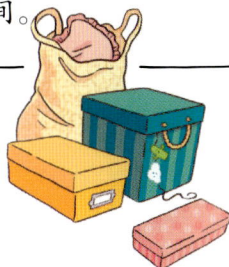

奥运会任务

不一定要夺得奖牌，只是为了娱乐一下！跑步、游泳、网球、沙滩排球……一起运动吧！

2 跳远

在沙滩上画一条起跳线，大家都站在线后面，猛冲到起跳线的位置跳出去，要在不触碰起跳线的前提下跳得尽可能远。你们也可以尝试三级跳。

2 空手道

两个人面对面站立，手臂伸出去可以触碰到对方即可。每个人都在沙滩上挖一个坑，深度与膝盖的高度相同，然后两个人都站进去，用沙子把坑填上，再把沙子压实。空手道决斗开始！先把对手推出沙坑的人获胜。

2 皮划艇

坐在水边，腿伸直，使用手臂的力量让自己漂浮起来，加速前进。定一条目标线，最先过线的人获胜。

佩林·拉凡

一个勇敢并且不惧怕颠簸的冠军！

佩林于1998年出生在法国比利牛斯省的阿里埃日，她很小就开始滑雪，15岁便被选中参加2014年冬奥会，并且取得了第14名的好成绩。于是她的职业生涯开始了！她的专长是猫跳滑雪，这是一项需要在250米长的雪道上完成的竞技项目，这个项目既需要速度，还需要完成两个跳跃动作，裁判会对这两个动作进行打分。在2018年韩国平昌冬奥会上，这个年轻的滑雪运动员获得了女子猫跳滑雪项目的冠军。佩林现在的目标是成为历史上最优秀的猫跳滑雪女运动员。让我们祝她实现梦想！

看看玫瑰人生

虽然有时你会感到忧郁，但是你可以让自己开心起来。一些小事就能带来巨大的快乐，有时只需要想想它们就会很开心！

满足于……

生活中小小的幸福：天冷时喝到一杯美味的热巧克力、和朋友举办睡衣派对、在广播中听到你最喜欢的歌曲、周末可以晚起、看一个有趣的节目片段、收到一张明信片、雷雨天缩在被子里、在花园里找到四叶草或七星瓢虫、抚摸你最爱的狗狗、闻到修剪后的草坪散发的清香……

创建你的幸福清单：

微笑

对于其他人来说，遇到一个情绪好的人是一件非常棒的事。快乐是相互传染的，试试看！不一定要等到世界微笑日……在这天你当然要微笑，但在一年中其他的日子里，你也要把笑容挂在脸上，对路上遇到的所有人展露笑颜！

保持平静！

有一句值得深思的话

你不能永远生活在遗憾中。过去的已经过去，把注意力放到其他事情上。学会放手，美好的生活就在你面前。

所有人都会犯错，除非你什么都不做！要学会接受错误、改正错误最后放下错误。

学会赞美！

要认识到其他人的优秀之处。批判别人很容易，但是赞美是必不可少的。要经常说"我爱你""太棒了""你做得太棒了"。感谢你的朋友和你成为朋友，感谢你的父母对你如此体贴。

保持平静的建议

想保持平静，
一起来练习吧！

眼镜蛇式

俯卧在地上，双臂置于身体两侧，脸朝一侧放在地上。然后将双手放在胸的两侧，缓慢呼吸的同时，双手撑地，慢慢起身，直至双臂打直。双眼尽力朝远处看，身体的其他部位不要用力，也不要离开地面。然后吸气，慢慢俯身，回到初始姿势。

流沙

躺在床上，从双脚开始，放松身体的每一个部位。想象你身体的每个部位都陷进了流沙似的床单中，放松自己。你失眠的时候也可以试试这个方法。

小羊

失眠时别再数羊了，你可以观察时钟指针的移动，大脑里什么都不要想。

闭上双眼，许一个愿。明天，你需要竭尽全力实现它。晚安！

友谊骰子

把一个正方体沿着边线剪开，保留其中一面正方形的边线，把边缘部分折起来，然后按照图中的指示把边缘粘起来，这样你就得到了一个骰子。

粘贴处

真心话
说出每个朋友3个最大缺点和3个最大优点。

粘贴处

粘贴处

大冒险
在不被家人发现的情况下寻找水杯。

真心话
说出你最羞愧的事情。

大冒险
在朋友挠你痒痒的情况下做20个腹部运动。

粘贴处

粘贴处

大冒险
连续翻20个跟头，中途不能停。

粘贴处

粘贴处

真心话
说出关于你的一个秘密。

密码圆盘

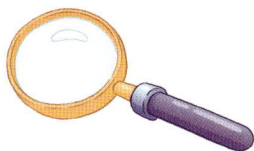

1.剪出这样大小的两个圆盘，把小圆盘放在大圆盘上面。

2.在两个圆盘中央打孔，然后用钉或夹子把它们的圆心连在一起，保持两个圆盘可以分别转动。

3.和朋友设定一个字母作为大圆盘上的首字母，比如F。

4.转动大圆盘，让大圆盘上的字母F和小圆盘上的字母A相对。然后你们就可以加密任何一个英文单词了。小圆盘上的字母是正确字母，大圆盘上对应的是加密后的字母，拼出后的单词就是加密的单词了！

5.把密码圆盘悄悄放进朋友的书包，他得用它解开信息！

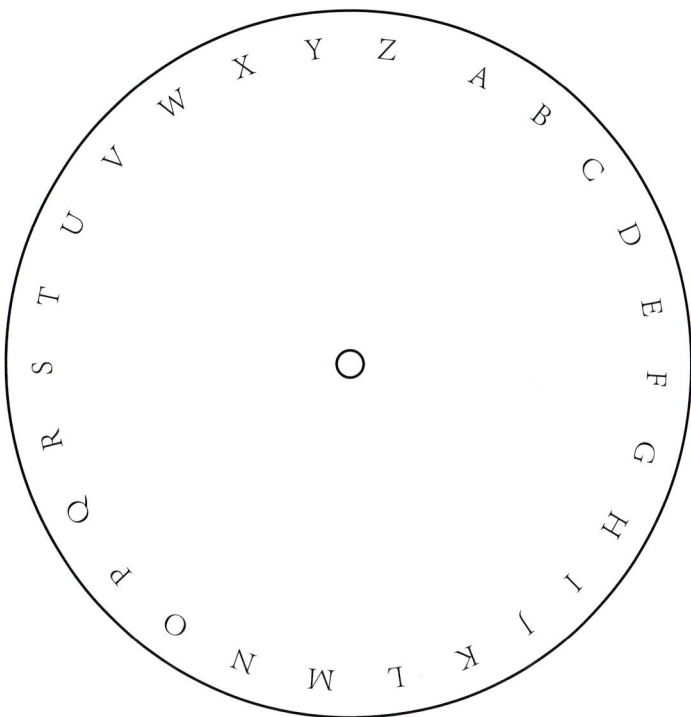

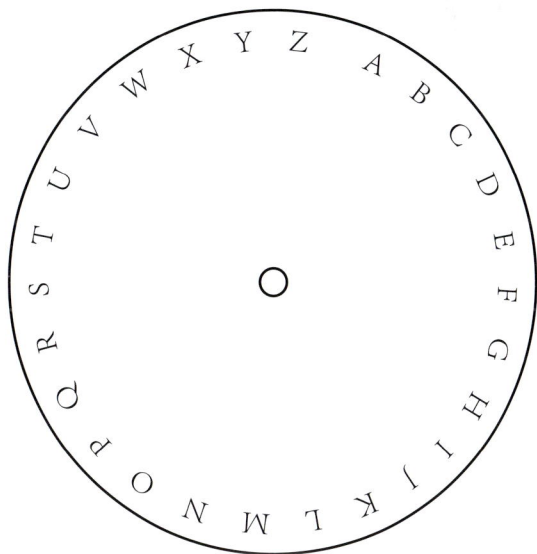

你的捕梦网

你的小笔记

你的愿望：

你的清单：

Titre original : Le super guide des filles créatives d'aujourd'hui
Textes : Aurore Meyer ; Illustrations : Amandine, Myrtille Tournefeuille ;
Direction de la publication : Sophie Chanourdie
Édition : Anne Castaing
Responsable artistique : Laurent Carré
Mise en pages : Anne Bordenave
Fabrication : Ombeline Canaud
© Larousse 2019
The Simplified Chinese translation rights are arranged through RR Donnelley Asia.

版权贸易合同登记号　图字：01-2022-5086

图书在版编目（CIP）数据

我是女孩成长书 / （法）奥罗尔·迈耶著；（法）米尔绯·图尔内弗伊尔，（法）阿芒蒂娜绘；顾莹译 . -- 北京：电子工业出版社，2023.1
ISBN 978-7-121-44481-4

Ⅰ．①我… Ⅱ．①奥… ②米… ③阿… ④顾… Ⅲ．①女性–青春期–健康教育 Ⅳ．① G479

中国版本图书馆CIP数据核字(2022)第208345号

责任编辑：张莉莉　　文字编辑：高 菲
印　　刷：北京盛通印刷股份有限公司
装　　订：北京盛通印刷股份有限公司
出版发行：电子工业出版社
　　　　　北京市海淀区万寿路 173 信箱　　邮编：100036
开　　本：787×1092　 1/16　　印张：8　　字数：130.5 千字
版　　次：2023 年 1 月第 1 版
印　　次：2023 年 4 月第 2 次印刷
定　　价：88.00 元